KOMPAKT

Mit Erfolg zu telc Deutsch B1·B2 Pflege

Milena Angioni
Sandra Hohmann

Alles Digitale zu diesem Buch kann auf der Lernplattform **allango** von Ernst Klett Sprachen abgerufen werden. So geht's:

QR-Code scannen oder **www.allango.net** aufrufen | Buchtitel oder ISBN in der Suche eingeben und auf das Buchcover klicken | Zum Inhalt navigieren, direkt abrufen oder speichern

Zu diesem Buch auf allango verfügbar: **Audios, Hörtexte**.

Ernst Klett Sprachen
Stuttgart

KOMPAKT Mit Erfolg zu telc Deutsch B1 • B2 Pflege

1. Auflage 1 7 6 5 4 3 | 2029 28 27 26 25

Autorinnen: Teile Hören und Sprechen: Milena Angioni
Teile Lesen/Sprachbausteine, Schreiben: Sandra Hohmann
Redaktion: Stefanie Plisch de Vega
Beratung: Elisabeth Bauermann, Regensburg
Layoutkonzeption: Andreas Drabarek
Satz: datagroup, Timişoara, Rumänien
Umschlaggestaltung: Andreas Drabarek
Druck und Bindung: Plump Druck & Medien GmbH, Rheinbreitbach

PEFC
Förderung nachhaltiger Waldbewirtschaftung
PEFC/04-31-3752 www.pefc.de

Printed in Germany
ISBN 978-3-12-675196-4

Liebe Lernende,

mit diesem Trainer können Sie sich über die Prüfung *telc Deutsch B1•B2 Pflege* informieren und sich auf die Anforderungen und Aufgaben vorbereiten.
In der Kurzbeschreibung bekommen Sie wichtige Informationen über die Prüfung und die Bewertung.
Auf den Seiten mit der Überschrift *Strategie* lesen Sie zu jedem Prüfungsteil, was Sie machen müssen und wie Sie die Aufgaben Schritt für Schritt lösen können.
Auf den Seiten mit der Überschrift *Modelltest* finden Sie die Aufgabenblätter für den entsprechenden Prüfungsteil. Die Aufgaben entsprechen weitestgehend den Anforderungen der Originalprüfungen.
Auf den Seiten mit der Überschrift *Lösungen* finden Sie nicht nur die Lösungen, sondern können auch nachlesen, warum eine Lösung richtig bzw. eine andere Lösungsmöglichkeit falsch ist.

Zum Prüfungsteil *Hören* gibt es MP3-Dateien mit den entsprechenden Hörtexten. Welchen Track Sie hören müssen, erkennen Sie am Symbol ▶ 2, die Zahl gibt die Tracknummer an.
Die Hördateien (Audios) sowie die Transkription der Hörtexte sind digital verfügbar (siehe Seite 1).

Auch zu den drei Aufgaben des Prüfungsteils *Sprechen* gibt es Hördateien. Hier können Sie hören, wie dieser Prüfungsteil abläuft und wie zwei Teilnehmerinnen die Aufgaben exemplarisch lösen.

Wenn Sie die Prüfungssituation simulieren wollen, bearbeiten Sie die Aufgaben in der vorgegebenen Zeit und ohne Hilfsmittel. Die Hördateien enthalten alle Pausen. Sie müssen die Tracks ohne zu stoppen hintereinander abspielen. Den jeweiligen Antwortbogen für den Prüfungsteil zum Markieren Ihrer Lösungen finden Sie im Buch.

Viel Spaß bei der Arbeit mit KOMPAKT *Mit Erfolg zu telc Deutsch B1B2 Pflege* und natürlich viel Erfolg bei Ihrer Prüfung wünschen Ihnen

die Autorinnen und der Verlag

Inhalt

SPRACHBAUSTEINE

SCHREIBEN

SPRECHEN

Die Prüfung *telc Deutsch B1•B2 Pflege* richtet sich an Teilnehmerinnen und Teilnehmer, die eine abgeschlossene Pflegeausbildung haben und ihre Deutschkenntnisse durch eine fachsprachliche Prüfung dokumentieren wollen.
Es handelt sich um eine Sprachprüfung, die sich an den Kriterien des GER für die Niveaustufen B1 und B2 orientiert und die Anforderungen des Arbeitsalltags von Pflegekräften in den Arbeitsfeldern Krankenhaus, Altenpflege und mobile Pflege berücksichtigt. Aufbauend auf allgemeinsprachlichen Strukturen und Wortschatz bezieht die Prüfung auch pflegespezifische Fachsprache, fachbezogene Fremdwörter und fachbezogene umgangssprachliche Ausdrücke mit ein.

Wie ist die Prüfung aufgebaut?

Die Prüfung *telc Deutsch B1•B2 Pflege* besteht aus vier Subtests:

Hören	25 Minuten	Schriftliche Prüfung
Lesen/Sprachbausteine	60 Minuten	
Schreiben	30 Minuten	
Sprechen	(20 Minuten Vorbereitung) ca. 16 Minuten	Mündliche Prüfung

Wie läuft die Prüfung ab?

Die schriftliche Prüfung findet in der Gruppe statt und dauert insgesamt 115 Minuten. Zwischen den Teilen *Hören*, *Lesen/Sprachbausteine* und *Schreiben* findet keine Pause statt.
Vor der mündlichen Prüfung haben Sie 20 Minuten Vorbereitungszeit. Die mündliche Prüfung wird dann in der Regel als Paarprüfung abgelegt und dauert ca. 16 Minuten.
Die schriftliche und die mündliche Prüfung können am selben Tag oder an verschiedenen Tagen stattfinden.

In der schriftlichen Prüfung bekommen Sie ein Heft mit einem Bogen für Ihre persönlichen Daten sowie die Antwortbögen für die Prüfungsteile. Sie müssen Ihre Daten auf mehreren Seiten eintragen. Erst wenn alle Teilnehmer damit fertig sind, werden die Hefte mit den Aufgabenblättern ausgeteilt und die Prüfung beginnt mit dem Teil *Hören*.

Hinweis:

! In dieser Prüfung bekommen Sie am Ende des Subteils nicht extra Zeit, um Ihre Lösungen auf den Antwortbogen zu übertragen. Bewertet werden aber nur die Lösungen, die Sie auf dem Antwortbogen notiert haben.

Tipp: Sie können Ihre Lösungen zuerst im Aufgabenheft/auf dem Aufgabenblatt notieren. Legen Sie den Antwortbogen aber am besten neben das Aufgabenblatt und markieren Sie Ihre Lösungen auch gleich dort. Dann vergessen Sie keine Lösung.

Für jeden Prüfungsteil gibt es eine vorgeschriebene Dauer. Jeder Teil der schriftlichen Prüfung fängt für alle Teilnehmer zur selben Zeit an und endet für alle Teilnehmer zur selben Zeit. Am Ende von jedem Subtest sammeln die Prüfer Ihren Antwortbogen für den entsprechenden Subtest ein.

Hinweis:

! Im Aufgabenheft sind die Aufgaben für alle Subteile der schriftlichen Prüfung enthalten. Schlagen Sie immer nur die Aufgaben des Subteils auf, der gerade geprüft wird. Sehen Sie sich nicht die Aufgaben des Subteils *Schreiben* an, wenn Sie z. B. schneller mit dem *Subtest Lesen/Sprachbausteine* fertig sind. Das wird als Täuschungsversuch angesehen. Täuschungsversuche führen zum Ausschluss aus der Prüfung. Dasselbe gilt für die Verwendung von Hilfsmitteln. Sie dürfen in der gesamten Prüfung keine Hilfsmittel (Wörterbücher, Smartphone etc.) benutzen.

Welche Prüfungsaufgaben gibt es? Was muss ich tun?

Hören

Der Subtest *Hören* hat 4 Teile und 23 Aufgaben. Der Prüfungsteil beginnt, wenn die Prüferin/der Prüfer die Höraufnahmen startet. Die Höraufnahmen laufen nacheinander ab und Sie bearbeiten die 4 Teile chronologisch. Denken Sie daran, Ihre Antworten gleich auf dem entsprechenden Antwortbogen zu markieren. Am Ende des Subteils müssen Sie den Antwortbogen für den Teil *Hören* abtrennen und abgeben.

Subtest/Prüfungsteil	Was muss ich tun?	Wie lange habe ich Zeit?
		insgesamt 25 Minuten
Hören Teil 1	4 Telefonansagen hören und verstehen, dazu 4 Multiple-Choice-Aufgaben lösen	
Hören Teil 2	5 Gespräche aus dem beruflichen Alltag hören und verstehen, pro Gespräch je eine Richtig/Falsch-Aufgabe sowie eine Multiple-Choice-Aufgabe lösen	
Hören Teil 3	Eine Teambesprechung hören und verstehen und dazu 6 Multiple-Choice-Aufgaben lösen	
Hören Teil 4	3 unterschiedliche Meinungen zu einem Thema hören und verstehen, dazu aus 6 Lösungsmöglichkeiten den zur jeweiligen Meinung passenden Satz zuordnen	

Lesen / Sprachbausteine

Diese beiden Teile gehören zusammen und haben einen gemeinsamen Antwortbogen. Sie müssen alle 36 Aufgaben (Aufgabe 24–59) innerhalb von 60 Minuten bearbeiten und Ihre Lösungen auf dem Antwortbogen markieren. *Lesen* hat 4 Teile (Aufgabe 24–41), *Sprachbausteine* hat 2 Teile (Aufgabe 42–59). In welcher Reihenfolge Sie die Aufgaben bearbeiten, können Sie entscheiden.
Auch hier müssen Sie nach der vorgeschriebenen Bearbeitungszeit den Antwortbogen abtrennen und abgeben.

Subtest/Prüfungsteil	Was muss ich tun?	Wie lange habe ich Zeit?
		insgesamt 60 Minuten
Lesen Teil 1	4 E-Mails lesen und aus 6 Betreffzeilen die jeweils passendste den 4 E-Mails zuordnen	
Lesen Teil 2	Ausschnitte aus einer Pflegeplanung lesen und 5 Sätze dem jeweils passenden Ausschnitt der Planung zuordnen	
Lesen Teil 3	3 unterschiedliche Texte lesen und zu jedem Text je 2 Multiple-Choice-Aufgaben mit 3 Antwortmöglichkeiten lösen	
Lesen Teil 4	Einen Informationstext lesen und dazu 3 Richtig/Falsch-Aufgaben lösen	
Sprachbausteine Teil 1	Einen Bericht mit 8 Lücken lesen, Zusammenhänge verstehen und den 8 Lücken aus 10 Möglichkeiten das passende Wort zuordnen	
Sprachbausteine Teil 2	Einen Bericht mit 10 Lücken lesen und aus je 3 Möglichkeiten für jede Textlücke das passende Fachwort auswählen	

Schreiben

Im Teil *Schreiben* bekommen Sie zwei Aufgaben zur Auswahl. Sie müssen aber nur die Aufgabe A oder die Aufgabe B bearbeiten. Sie können zuerst Notizen im Aufgabenheft machen, aber denken Sie daran, dass nur bewertet wird, was Sie auf den linierten Antwortbogen schreiben.

Subtest/Prüfungsteil	Was muss ich tun?	Wie lange habe ich Zeit?
		30 Minuten
Schreiben	Einen Aufnahmebericht ODER einen Biographiebericht anhand von Informationen aus einem Anamnese- oder Biographiefragebogen ausformulieren	

Sprechen

Dieser Subtest hat drei Teile. Bevor die mündliche Prüfung beginnt, müssen Sie und Ihre Prüfungspartnerin/Ihr Prüfungspartner sich in einem Vorbereitungsraum 20 Minuten auf Teil 2 und 3 vorbereiten. Sie bekommen die Aufgabenblätter und können stichwortartig Ideen und Argumente notieren. Ihre Notizen dürfen Sie in die Prüfung mitnehmen. Während der Vorbereitung dürfen Sie nicht miteinander sprechen. Sie dürfen auch keinerlei Hilfsmittel (Wörterbuch, Smartphone etc.) benutzen.
In der mündlichen Prüfung sind zwei Prüferinnen/Prüfer anwesend. In der Regel wird nur einer von beiden mit Ihnen und Ihrer Partnerin/Ihrem Partner sprechen. Die andere Prüferin/der andere Prüfer hat eine beobachtende Rolle. Wenn Sie alleine in die mündliche Prüfung gehen, übernimmt im Teil 3 eine Prüferin/ein Prüfer die Rolle Ihres Diskussionspartners.

!

Hinweis:

Wenn Sie Ihren Kurzvortrag komplett ausformulieren und in der Prüfung alles nur ablesen, kann Ihre Leistung nicht mehr mit B1 bewertet werden. Damit können Sie insgesamt nicht B1 erreichen.

Subtest/Prüfungsteil	Was muss ich tun?	Wie lange habe ich Zeit?
		20 + ca. 16 Minuten
	Vorbereitungszeit für Teil 2 und Teil 3	20 Minuten
Sprechen Teil 1 A	Spontan über Erfahrungen und die eigene Meinung zu einem Thema sprechen, dabei ein Foto beschreiben und kommentieren	ca. 6 Minuten
Sprechen Teil 1 B	Anschlussfragen beantworten	
Sprechen Teil 2 A	Einen Kurzvortrag zu einem Thema halten	ca. 6 Minuten
Sprechen Teil 2 B	Anschlussfragen zum Kurzvortrag beantworten	
Sprechen Teil 3	Mit der Partnerin/dem Partner ein Thema und die eigene Meinung dazu diskutieren	ca. 4 Minuten

Wie viele Punkte gibt es?

Ihre Leistungen in der Sprachprüfung telc Deutsch B1•B2 Pflege können auf dem Niveau B2, B1 und sogar unter B1 bewertet werden.

Die Subtests *Hören* und *Lesen/Sprachbausteine* haben insgesamt 59 Aufgaben. Für jede Aufgabe gibt es einen Punkt. Das heißt, in diesen Prüfungsteilen können Sie maximal 59 Punkte bekommen.

Punkte	GER-Stufe
43–59	B2
27–42	B1
0–26	unter B1

Ihre Leistungen im Subteil *Schreiben* werden von speziell geschulten Bewerterinnen/Bewertern nach vorgegebenen Kriterien bewertet. Sie können maximal 20 Punkte bekommen.

Punkte	GER-Stufe
15–20	B2
7–14	B1
0–6	unter B1

Ihre Leistungen im Subteil *Sprechen* werden von zwei speziell geschulten Prüferinnen/Prüfern nach vorgegebenen Kriterien bewertet. Sie können maximal 100 Punkte bekommen.

Punkte	GER-Stufe
75–100	B2
35–74,5	B1
0–34,5	unter B1

Welches Zertifikat bekomme ich für meine Leistung?

Ob Sie ein Zertifikat für die Niveaustufe B2 oder B1 bekommen, hängt davon ab, welche Stufe Sie in den Subtests erreicht haben.
Für ein Zertifikat der Stufe B1 gibt es mehrere Kombinationsmöglichkeiten, auf jeden Fall müssen Sie aber im Subteil *Sprechen* mindestens die Stufe B1 erreichen.
Für ein Zertifikat auf der Stufe B2, müssen Sie den Subteil *Sprechen* sowie einen weiteren Subteil auf B2-Niveau bestehen und im verbleibenden Subteil nicht unter B1 sein.

Wie oft kann ich die Prüfung wiederholen?

Die Prüfung telc Deutsch B1•B2 Pflege können Sie beliebig oft wiederholen. Teilergebnisse werden aber nicht anerkannt, das heißt, Sie müssen immer alle Prüfungsteile wiederholen.

Hören, Teil 1

Sie hören vier Nachrichten (Ansagen) von einer Mailbox, die einen Bezug zur Arbeit haben. Zu jeder Ansage lesen Sie eine Aufgabe mit drei Antwortmöglichkeiten (Aufgabe 1–4). Sie hören jede Ansage einmal, müssen Details verstehen und dann entscheiden, welche Antwortmöglichkeit richtig ist.

! **Hinweis:**

Sie hören zuerst die Aufgabenstellung und ein Beispiel. Die Lösung für das Beispiel steht auf dem Aufgabenblatt.

Lösungsstrategie: Schritt für Schritt

So geht's

1. **Schritt:** Sie hören die die Ansage „Nummer 1" und nach einer kurzen Pause die erste Nachricht. Lesen Sie die Aufgabe und markieren Sie eventuell wichtige Wörter in jeder Antwortmöglichkeit.

2. **Schritt:** Sie hören dann die Nachricht. Achten Sie beim Hören besonders auf die Details, denn in den Aufgaben geht es um Einzelheiten. Hören Sie besonders gut zu, wenn Sie Wörter hören, die auch in den Aufgaben stehen oder die dasselbe bedeuten.

Tipp: Denken Sie daran, dass die Wörter in der Aufgabe in der Regel nicht genau so wie in der Nachricht zu hören sind. Oft werden Sie Synonyme oder Umschreibungen hören.

3. **Schritt:** Markieren Sie Ihre Lösung auf dem Aufgabenblatt. Wenn Sie sich nicht sicher sind, markieren Sie trotzdem eine Lösung. Sie hören die Nachricht nur einmal und müssen sich auch gleich auf die nächste Nachricht konzentrieren.

Tipp: Hören Sie die Nachricht zu Ende, bevor Sie sich für eine Antwortmöglichkeit entscheiden. Manchmal hören Sie im letzten Satz noch ein wichtiges Detail. Wenn die Nachricht zu Ende ist, haben Sie noch ca. 10 Sekunden Zeit, bevor die nächste Ansage beginnt.

4. **Schritt:** Denken Sie nicht zu lange bei einer Aufgabe oder beim Markieren der Lösung nach. Wenn Sie die Ansage „Nummer 2" hören, müssen Sie die nächste Aufgabe lesen und dann wieder gut zuhören.

5. **Schritt:** Gehen Sie für alle Aufgaben wie beschrieben vor und markieren Sie Ihre Lösungen auch auf dem Antwortbogen.

! **Hinweis:**

Sie erhalten am Ende des Teils *Hören* nicht zusätzliche Zeit für das Übertragen der Lösungen auf den Antwortbogen. Sie dürfen die Antworten auf dem Antwortbogen nur mit einem Bleistift markieren. Füllen Sie die ovalen Felder ganz aus und schreiben Sie nicht außerhalb der vorgegebenen Felder.

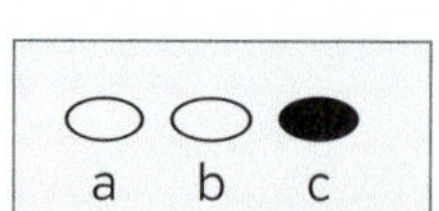

Tipp: Die Antwortmöglichkeiten sind alphabetisch geordnet. Es ist also möglich, dass mehrfach hintereinander die richtige Antwort denselben Buchstaben hat.

Tipp: Einen Antwortbogen zum Üben und Übertragen Ihrer Lösungen finden Sie auf Seite 22.

Hören, Teil 1

1 *Sie hören vier Ansagen. Zu jeder Ansage gibt es eine Aufgabe.*
Welche Lösung (a, b oder c) passt am besten? Sie hören jede Ansage einmal.
Markieren Sie Ihre Lösungen für die Aufgaben 1–4 auf dem Antwortbogen.

Beispiel

Frau Peters möchten wissen, ob ihr Mann noch

a auf dieser Station liegt.
b eine Nacht bleiben muss.
c etwas im Krankenhaus braucht.

○ ○ ●
a b c

1 Anja Schenk ruft an, weil
- **a** die Praktikantin gleich Unterlagen bringt.
- **b** Dr. Kasidov Frau Römers Patientenakte braucht.
- **c** Frau Römer dringend eine Untersuchung braucht.

2 Herr Hempel möchte
- **a** einen Termin für Frau Reimer vereinbaren.
- **b** Frau Reimer am nächsten Tag bringen.
- **c** Frau Reimer in der Ambulanz anmelden.

3 Sven möchte
- **a** lieber den Spätdienst übernehmen.
- **b** mit Jan den Dienst tauschen.
- **c** sich krankmelden.

4 Frau Meisner sucht einen Pflegedienst, der ihre Eltern
- **a** die nächsten zwei Wochen betreut.
- **b** in ihrem Urlaub pflegt.
- **c** täglich unterstützen kann.

Hören, Teil 1

Antwortbogen

	a	b	c	
1	○	●	○	1
2	●	○	○	2
3	○	●	○	3
4	○	○	●	4

Kommentare

[**Beispiel c**] *Frau Peters möchte wissen, ob ihr Mann noch etwas im Krankenhaus braucht.*
Sie hören:

Können Sie mir bitte sagen, was ich meinem Mann eventuell ins Krankenhaus mitbringen soll?

Das bedeutet dasselbe *wie ob er noch etwas im Krankenhaus braucht*, Antwort c ist richtig. Frau Peters fragt, wie *die Nacht verlaufen* ist, nicht ob ihr Mann noch eine Nacht im Krankenhaus bleiben muss. Daher ist Antwort b falsch. Antwort a ist falsch, denn Frau Peters sagt: *Die Telefonzentrale hat mich mit Ihrer Station verbunden.*

[**1 b**] *Anja Schenk ruft an, weil Dr. Kasidov Frau Römers Patientenakte braucht.*
Sie hören:

Könnt ihr uns die Patientenakte bringen ... Dr. Kasidov hat schon dreimal danach gefragt, das ist also dringend.

Dr. Kasidov braucht die Patientenakte von Frau Römer also dringend, b ist richtig. Antwort a ist falsch, weil die Praktikantin die Unterlagen holen, nicht bringen könnte. Möglichkeit c ist falsch, weil Frau Römer schon zu Untersuchungen auf der anderen Station war und jetzt ihre Untersuchungsergebnisse fehlen.

[**2 a**] *Herr Hempel möchte einen Termin für Frau Römer vereinbaren.*
Sie hören:

Ich würde gerne Frau Reimer, ... für eine Untersuchung anmelden. ... Bitte rufen Sie uns zurück und teilen uns mit, wann Frau Reimer ins Krankenhaus gefahren werden kann.

Herr Hempel möchte also einen Termin für Frau Reimers Untersuchung vereinbaren. Man hört nicht, wo er anruft, er sagt „Das kann ja ambulant angelegt werden ...", das bedeutet aber nicht, dass er in der Ambulanz anruft oder der Termin in der Ambulanz ist. Deshalb ist Antwort c falsch. Ob Herr Hempel Frau Römer fahren wird oder der Termin am nächsten Tag ist, hört man nicht. Deshalb ist b falsch.

[**3 b**] *Sven möchte mit Jan den Dienst tauschen.*
Sie hören:

Zu meinem Spätdienst schaffe ich es nicht, aber könnte ich deinen Nachtdienst übernehmen und du meinen?

Sie hören, dass Sven nicht pünktlich zu seinem Spätdienst kommen kann (es nicht schafft) und wie er Jan fragt, ob er seinen Nachtdienst übernehmen kann. Antwort b ist also richtig und a falsch. Antwort c ist falsch, weil Svens Kind krank ist, nicht er, und Sven ja auch arbeiten möchte.

[**4 c**] *Frau Meisner sucht einen Pflegedienst, der ihre Eltern täglich unterstützen kann.*
Sie hören:

Ich bin auf der Suche nach einem häuslichen Pflegedienst, der einmal am Tag vorbeikommt und ihnen bei alltäglichen Dingen hilft.

Frau Meisner braucht also eine Pflegekraft, die täglich (einmal am Tag) zu ihren Eltern kommt und ihnen hilft (sie unterstützt). Sie sagt, dass sie in zwei Wochen in den Urlaub fährt, nicht, dass sie für zwei Wochen oder im Urlaub einen Pflegedienst sucht. Deshalb sind die Antwortmöglichkeiten a und b falsch.

Die Transkription der Hörtexte ist digital verfügbar (siehe Seite 1).

Hören, Teil 2

Sie hören fünf Gespräche zwischen einer Pflegekraft und einer weiteren Person in beruflichen Alltagssituationen (eine Schichtübergabe, eine Arztvisite/ein Hausarztbesuch, ein Gespräch zwischen einer Pflegekraft und einer Patientin/einem Patienten / einer Bewohnerin/einem Bewohner / einer Kollegin/einem Kollegen).
Zu jedem Gespräch gibt es je zwei Aufgaben (Aufgaben 5–14). In der ersten Aufgabe müssen Sie entscheiden, ob die Aussage *richtig* oder *falsch* ist. Dafür müssen Sie das Gespräch allgemein verstehen. In der zweiten Aufgabe lesen Sie drei Antwortmöglichkeiten und müssen entscheiden, welche die richtige ist. Dafür müssen Sie Details im Gespräch verstehen. Sie hören jedes Gespräch nur einmal.

! **Hinweis:**

Bei Aufgaben mit mehreren Antwortmöglichkeiten, sind die Antworten alphabetisch geordnet. Es ist also möglich, dass mehrfach hintereinander die richtige Antwort denselben Buchstaben hat.

Lösungsstrategie: Schritt für Schritt

So geht's

1. Schritt: Sie hören zuerst wieder die Aufgabenstellung und dann die Ansage „Nummer 5 und 6". Direkt danach fängt das erste Gespräch an. Sie haben also wenig Zeit, die Aufgaben zu lesen.

Tipp: Sie können die Aufgaben schon lesen, während die Aufgabenstellung zu hören ist. Verpassen Sie aber nicht den Anfang des ersten Gesprächs.

2. Schritt: Hören Sie das Gespräch zu den Aufgaben und lesen Sie dabei die Aufgaben und die Antwortmöglichkeiten mit.

Tipp: Sie hören die wichtigen Informationen zur Lösung der Aufgaben nicht immer hintereinander. Es kann also sein, dass Sie die zweite Aufgabe zum Gespräch vor der ersten Aufgabe lösen können.

3. Schritt: Können Sie die erste Aufgabe schnell lösen? Dann markieren Sie richtig oder falsch in der Aufgabe.
Achten Sie für die Lösung der zweiten Aufgabe auf Details. Denken Sie aber daran, dass Sie in der Aufgabe und den Antwortmöglichkeiten meistens andere Wörter lesen, als Sie im Gespräch hören.

4. Schritt: Markieren Sie Ihre Lösung für die Aufgaben. Wenn Sie sich nicht sicher sind, markieren Sie trotzdem eine Lösung. Übertragen Sie Ihre Lösungen auf den Antwortbogen.

Tipp: Nach dem Gespräch haben Sie ein paar Sekunden Zeit, bevor Sie die Ansage für die nächsten Aufgaben hören und das nächste Gespräch beginnt. Sie können in dieser Zeit Ihre Lösungen auf den Antwortbogen übertragen und/oder die nächsten Aufgaben lesen.

Hören, Teil 2

2 *Sie hören fünf Gespräche. Zu jedem Gespräch gibt es zwei Aufgaben. Entscheiden Sie bei jedem Gespräch, ob die Aussage dazu richtig oder falsch ist und welche Lösung (a, b oder c) am besten passt. Sie hören jedes Gespräch einmal.*

Markieren Sie Ihre Lösungen für die Aufgaben 5–14 auf dem Antwortbogen.

5 Herr Greve hat noch keine Diagnose.
richtig/falsch?

6 Herr Greve wurde ins Krankenhaus eingeliefert, weil
a er einen extrem hohen Blutdruck hatte.
b er einen Lungeninfarkt hatte.
c sein Blutdruck zu niedrig war.

7 Frau Minster wird weiter untersucht.
richtig/falsch?

8 Frau Minster ist
a an Diabetes erkrankt.
b auf der neurologischen Station.
c zu Hause gestürzt.

9 Frau Fischer wird von einem mobilen Pflegedienst gepflegt.
richtig/falsch?

10 Frau Fischer
a ist an Demenz erkrankt und kann nicht mehr alleine leben.
b ist beim Ankleiden auf Hilfe angewiesen.
c kommt am Mittwoch zur Pflege ins Elisenheim.

11 Frau Seiferts Wunde verheilt nicht richtig.
richtig/falsch?

12 Frau Seifert
a beklagt sich über Hämatome an ihrem Körper.
b beschwert sich über Pfleger Micha.
c braucht keine Unterstützung bei der Körperpflege.

13 Herr Harms erkundigt sich nach einer Kurzzeitpflege für seine Mutter.
richtig/falsch?

14 Die Mutter von Herrn Harms
a kann sich die Pflege im Seniorenheim vorstellen.
b kann sich keine professionelle Pflege leisten.
c wurde neu in einen Pflegegrad eingestuft.

Hören, Teil 2

Antwortbogen

5	○ richtig	● falsch	5
6	● a ○ b ○ c		6
7	● richtig	○ falsch	7
8	○ a ○ b ● c		8
9	● richtig	○ falsch	9

10	○ a ● b ○ c		10
11	○ richtig	● falsch	11
12	● a ○ b ○ c		12
13	○ richtig	● falsch	13
14	● a ○ b ○ c		14

Kommentare

[5 falsch]
Sie hören:

Das ist nicht ungewöhnlich für Patienten nach einer hypertensiven Krise …

ⓘ Die Ärztin und die Pflegekraft sprechen an mehreren Stellen von der Diagnose, die Herr Greve bekommen, aber nicht ganz verstanden hat. Die Aussage ist also falsch.

[6 a] *er einen extrem hohen Blutdruck hatte.*
Sie hören:

… auch nochmal den Zusammenhang zwischen seiner hypertensiven Krise und seinem Lungenödem erklärt. … Wie hoch war sein Blutdruck bei der letzten Mesung? ... Bei der Einlieferung 230 zu 120, auf der Intensiv konnte man ihn stabilisieren, die Werte sind gesunken …

ⓘ Herr Greve hat also ein Lungenödem, keinen Lungeninfarkt, Antwort b ist falsch. Sie hören, die Blutdruckwerte bei seiner Einlieferung und dass sie gesunken sind. Sein Blutdruck war also nicht zu niedrig. Antwort a ist richtig, Antwort c ist falsch.

[7 richtig]
Sie hören:

Dr. Harder hat bei ihr ein EMG und andere Tests angeordnet.

ⓘ Die Pflegekräfte sprechen darüber, dass Dr. Harder weitere neurologische Tests veranlasst hat, weiter hinten hören Sie auch, dass noch einmal Blut abgenommen werden soll. Frau Minster wird also noch weiter untersucht, die Aussage ist richtig.

[8 c] *zu Hause gestürzt.*
Sie hören:

Kannst du bitte in der Neurologie einen Termin für sie ausmachen? ... Die gestern nach einem Sturz in ihrer Wohnung eingeliefert wurde? … Sie leidet auch schon seit ein paar Wochen an Schwindel und Gleichgewichtsstörungen und ist eventuell deshalb gefallen. … Er vermutet aufgrund der Blutwerte aber, dass sie an Diabetes erkrankt ist.

ⓘ Die Pflegerin bittet ihren Kollegen, für die Patientin einen Termin auf der Neurologie zu vereinbaren. Die Patientin liegt also nicht auf der neurologischen Station. Antwort b ist falsch. Der Pfleger sagt, dass Frau Minster nach einem Sturz eingeliefert wurde. Antwort c ist richtig. Dr. Harder vermutet, dass die Patientin an Diabetes erkrankt ist. Die Diagnose liegt noch nicht vor und deshalb ist Antwort a falsch.

[9 richtig]
Sie hören:

Und hier dann noch die Akte von Frau Fischer in der Heinemannstraße. … Danke. Willst du mir noch kurz was zu Frau Fischer sagen, bevor ich dann zu ihr fahre?

ⓘ Beides belegt, dass sich hier zwei Pflegekräfte aus der ambulanten Pflege unterhalten. Frau Fischer wird also von einem ambulanten Pflegedienst gepflegt, die Aussage ist richtig.

[10 b] *ist beim Ankleiden auf Hilfe angewiesen*
Sie hören:

… und braucht Unterstützung beim Transfer vom Bett zum Stuhl und bei der Körperpflege morgens und abends. … Kann sie sich selbstständig anziehen? … Hm …, dabei solltest du sie auch unterstützen. … Nächste Woche Mittwoch hat sie im Elisenkrankenhaus einen Termin zur Untersuchung. Sie wird gegen 10:00 Uhr vom Krankentransport abgeholt.

ⓘ Die Pflegerin erklärt dem Kollegen, dass Frau Fischer Unterstützung beim Anziehen braucht. Antwort b ist richtig. Die Pflegerin erinnert den Kollegen daran, dass Frau Fischer nächsten Mittwoch einen Untersuchungstermin hat. Sie zieht nicht in ein Heim, deshalb ist Antwort c falsch. Sie hören, dass Frau Fischer ihre Medikamente gestellt und auf den Küchentisch gelegt bekommt, damit sie sie nicht vergisst und auch, dass sie vielleicht den Termin am Mittwoch vergessen könnte. Das heißt aber nicht, dass sie an Demenz erkrankt ist.

[11 falsch]
Sie hören:

Im Bericht steht, dass Ihre OP-Wunde gute Fortschritte macht. Es ist also die angrenzende Hautregion, die jetzt sehr empfindlich reagiert.

ⓘ Die Pflegekraft sagt, dass die Wunde gut verheilt, die Aussage ist also falsch.

[12 a] *beklagt sich über Hämatome an ihrem Körper*
Sie hören:

Ja … und auch, dass Sie ihr Wundpflaster gestört hat. Das hat wohl etwas gejuckt? … Ganz schrecklich! Pfleger Micha hat es heute Nacht abgemacht und die Wunde neu verbunden. … Sehen Sie sich mal meinen Bauch an, grün und blau ist der, voller Blutergüsse. … So, Frau Seifert, dann helfe ich Ihnen jetzt beim Waschen …

ⓘ Frau Seifert möchte keine weitere Spritze, weil sie schon viele Blutergüsse (Hämatome) am Bauch hat und das nicht schön findet (sich darüber beklagt). Antwort a ist richtig. Die Patientin beschwert sich nicht über Pfleger Micha, sondern über Schwester Katrin und ihre Blutergüsse. Ihre Aussage „Ganz schrecklich!" bezieht sich auf das juckende Wundpflaster. Antwort b ist also falsch. Antwort c ist auch falsch, da der Pfleger Frau Seifert bei der Körperpflege (beim Waschen) hilft.

[13 falsch]

Sie hören:

Meine Mutter, Erna Harms, sollte ja nächsten Monat während unserer Urlaubsreise für 14 Tage zu Ihnen in die Kurzzeitpflege kommen. …

ⓘ Frau Harms war also bereits für die Kurzzeitpflege angemeldet. Im weiteren Gespräch hören Sie, dass sich Herr Harms nach einem dauerhaften Platz in dem Seniorenheim oder nach einer ambulanten Pflege erkundigt. Die Aussage ist also falsch.

[14 a] *kann sich die Pflege im Seniorenheim vorstellen.*

Sie hören:

Ja, richtig. Deshalb war sie für den Vorschlag, evtl. dauerhaft in Ihrer Einrichtung betreut zu werden, ganz aufgeschlossen. Sie bieten aber auch Unterstützung durch einen mobilen Pflegedienst an, oder? … Wichtig ist jetzt auch eine erneute Feststellung des Pflegegrads durch den MDK.

ⓘ Frau Harms steht einem dauerhaften Aufenthalt in der Einrichtung aufgeschlossen gegenüber, das heißt, sie kann sich die Pflege im Seniorenheim vorstellen. Antwort a ist richtig. Sie hören, dass die Frau von Herrn Harms die Mutter gepflegt hat und „Jetzt braucht meine Mutter zunehmend mehr Unterstützung und meine Frau kann das nicht mehr leisten". Das heißt, die Frau kann die Schwiegermutter nicht mehr pflegen und nicht, dass sich Familie Harms keine Pflege im Seniorenheim leisten (bezahlen) kann. Antwort b ist falsch. Sie hören auch: „Wichtig ist jetzt auch eine erneute Feststellung des Pflegegrads durch den MDK." Frau Harms muss also noch in einem Pflegegrad eingestuft werden. Antwort c ist falsch.

Die Transkription der Hörtexte ist digital verfügbar (siehe Seite 1).

Hören, Teil 3

Sie hören in diesem Prüfungsteil eine Teambesprechung zwischen zwei oder drei Personen. Sie lesen sechs Aufgaben (Aufgabe 15–20) mit jeweils drei Antwortmöglichkeiten. In diesem Teil müssen Sie Details im Gespräch verstehen und sich für die richtige Antwortmöglichkeit entscheiden. Sie hören das Gespräch nur einmal.

! **Hinweis:**

Die Aufgaben folgen der Reihenfolge der Informationen im Hörtext. Das heißt, Sie hören zuerst, was für die Lösung von Aufgabe 15 wichtig ist, dann, was für Aufgabe 16 wichtig ist usw.

Lösungsstrategie: Schritt für Schritt

So geht's

1. Schritt: Sie hören die Aufgabenbeschreibung und haben danach eine Minute Zeit, die Aufgaben zu lesen. Markieren Sie wichtige Wörter in den Aufgaben und den Antwortmöglichkeiten. Auch hier hören Sie in der Regel andere Wörter als Sie in den Aufgaben lesen.

2. Schritt: Sie hören das Gespräch. Achten Sie auf einzelne Informationen und Details.

Tipp: Denken Sie daran: Es geht darum, was die Personen in dem Gespräch sagen. Achten Sie genau darauf, ob eine Aussage verneint wird.

3. Schritt: Entscheiden Sie sich für eine Lösung, auch wenn Sie nicht ganz sicher sind. Markieren Sie Ihre Lösung auf dem Aufgabenblatt.

Tipp: Denken Sie nicht zu lange über eine Aufgabe bzw. Lösung nach, sonst verpassen Sie den Anschluss an das Gespräch.

4. Schritt: Am Ende des Gesprächs haben Sie einige Sekunden Zeit, bevor der nächste Teil beginnt. Übertragen Sie Ihre Lösungen auf den Antwortbogen.

Hören, Teil 3

3 *Sie hören gleich eine Teambesprechung auf der Pflegestation. Dazu gibt es sechs Aufgaben. Welche Lösung (a, b oder c) passt jeweils am besten? Markieren Sie Ihre Lösungen für die Aufgaben 15–20 auf dem Antwortbogen.*

Sie haben nun eine Minute Zeit, um die Aufgaben zu lesen. Dann hören Sie das Gespräch. Sie hören das Gespräch einmal.

Lesen Sie nun die Aufgaben.

15 Herr Ritter ist im Moment
- **a** im Krankenhaus zur Operation.
- **b** im Seniorenheim zur Pflege.
- **c** zu Hause und wird vom Pflegedienst betreut.

16 Herr Ritter
- **a** hatte bisher wöchentlich eine Haushaltshilfe.
- **b** wohnte bislang mit einer jüngeren Frau zusammen.
- **c** wurde täglich von seiner Tochter besucht.

17 Der Pfleger berichtet, dass Herr Ritter
- **a** an einer Nierenkrankheit leidet.
- **b** Anzeichen von Demenz zeigt.
- **c** noch sehr mobil ist.

18 Nach Einschätzung des Pflegers
- **a** begreift Herr Ritter seine Situation nicht richtig.
- **b** freut sich Herr Ritter, bald zu seiner Tochter zu ziehen.
- **c** kümmert sich Herr Ritters Tochter zu wenig um ihn.

19 Die Tochter von Herrn Ritter
- **a** hat noch nicht mit ihrem Vater gesprochen.
- **b** kommt mit der Situation nicht gut zurecht.
- **c** weiß, wer sie unterstützen kann.

20 Die Pflegedienstleiterin möchte wissen, ob Herr Ritter
- **a** außerhalb der Einrichtung Kontakte pflegt.
- **b** etwas mit anderen Senioren im Haus unternimmt.
- **c** noch Kontakt zu anderen Familienmitgliedern hat.

Hören, Teil 3

Antwortbogen

	a	b	c	
15	○	●	○	15
16	●	○	○	16
17	○	●	○	17

	a	b	c	
18	●	○	○	18
19	○	●	○	19
20	○	●	○	20

Kommentare

[15 b] *Herr Ritter ist im Moment im Seniorenheim zur Pflege.*
Sie hören:

Herr Ritter ist vor zwei Wochen aus dem Krankenhaus entlassen worden und zu uns ins Haus gekommen.

ⓘ Sie hören, dass Herr Ritter nicht mehr im Krankenhaus ist, sondern „zu uns ins Haus" gekommen ist und somit nicht von einem Pflegedienst betreut wird. Die Antworten a und c sind falsch. Herr Ritter ist in einem Seniorenheim, Antwort b ist richtig.

[16 a] *Herr Ritter hatte bisher wöchentlich eine Haushaltshilfe.*
Sie hören:

Nur einmal pro Woche wurde er von einer jungen Frau, die die Hausarbeiten erledigte, unterstützt.

ⓘ Sie hören, dass die junge Frau einmal pro Woche (wöchentlich) die Hausarbeiten erledigte, also seine Haushaltshilfe war. Er wohnte nicht mit ihr zusammen. Antwort a ist richtig und Antwort c falsch. Herrn Ritters Tochter besuchte ihn aufgrund der Entfernung „nicht jeden Tag" (nicht täglich), sondern nur am Wochenende. Antwort c ist falsch.

[17 b] *Der Pfleger berichtet, dass Herr Ritter Anzeichen von Demenz zeigt.*
Sie hören:

Er ist in seiner Mobilität eingeschränkt und zeitweise desorientiert. Man bekommt den Eindruck, dass er manchmal gar nicht weiß, wo er ist. … abgeklärt werden, ob eine demenzielle Erkrankung …

ⓘ Der Pfleger berichtet, dass Herr Ritter in seiner Mobilität eingeschränkt ist, das heißt er ist nicht sehr mobil. Antwort c ist falsch. Er berichtet auch, dass Herr Ritter zeitweise desorientiert ist und nicht weiß, wo er ist. Das sind Anzeichen von Demenz. Der Pfleger schlägt auch vor, Herrn Ritter untersuchen zu lassen („Abklären, ob eine demenzielle Erkrankung die Ursache …). Antwort b ist richtig. Antwort a ist falsch, da Herr Ritter zwar im Krankenhaus keine guten Nierenwerte hatte, diese sich aber wieder verbessert haben.

[18 a] *Nach Einschätzung des Pflegers begreift Herr Ritter seine Situation nicht richtig.*
Sie hören:

…, wie sehr er sich freut, bald wieder nach Hause zu gehen. Ich glaube, er versteht nicht so ganz, dass dies nicht möglich sein wird oder er will nicht wahrhaben, dass er sich einfach nicht mehr allein versorgen können wird.

ⓘ Der Pfleger sagt „ich glaube" (das ist eine Einschätzung) und dass Herr Ritter nicht versteht (nicht begreift), dass er sich nicht wieder alleine zu Hause versorgen kann (= seine Situation). Antwort a ist richtig. Herr Ritter freut sich, bald wieder nach Hause zu ziehen und nicht, dass er zu seiner Tochter ziehen will. Antwort b ist falsch. Dass die Tochter sich zu wenig kümmert, hat Herr Ritter zum Pfleger gesagt, das ist nicht die Einschätzung des Pflegers. Antwort c ist falsch.

[19 b] *Die Tochter von Herrn Ritter kommt mit der Situation nicht gut zurecht.*
Sie hören:

Sie scheint mir von der ganzen Situation überfordert, …

ⓘ Die Tochter kommt also nicht gut mit der Situation zurecht (überfordert), Antwort a ist richtig. Antwort b ist falsch, die Tochter „hat mehrmals versucht, ihm alles zu erklären". Sie hat also schon mit ihm gesprochen, aber sie weiß nicht „was sie noch machen soll" und hat den Pfleger gefragt, „an wen sie sich wenden kann, um Unterstützung zu bekommen" – deshalb ist Antwort c falsch.

[20 b] *Die Pflegedienstleiterin möchte wissen, ob Herr Ritter etwas mit anderen Senioren im Haus unternimmt.*
Sie hören:

Hat Herr Ritter schon Kontakt zu anderen Bewohnern geknüpft?

ⓘ Antwort b ist richtig. Dass es keine anderen Familienmitglieder gibt („Andere Angehörige gibt es ja leider nicht.") hören Sie auch, deshalb ist Lösung c falsch. Die Angebote und Ausflüge finden eventuell außerhalb statt, aber das ist nicht gleichbedeutend mit „Kontakte außerhalb pflegen", außerdem fragt das die Leiterin nicht.

Hören, Teil 4

Sie hören ein (Pausen-)Gespräch zwischen vier Kolleginnen und Kollegen, die ihre Meinung zu einem bestimmten Thema äußern. Dazu lesen Sie sechs Aussagen (Sätze a–f). Sie sollen jeder Meinung (Aufgabe 21–23) die Aussage zuordnen, die die Meinung am besten zusammenfasst. Die erste Meinung und eine Aussage sind ein Beispiel. Zwei Aussagen passen zu keiner der Meinungen. Sie hören jede Meinung nur einmal.

Lösungsstrategie: Schritt für Schritt

So geht's

1. **Schritt:** Sie hören zuerst die Aufgabenbeschreibung und haben danach ca. 30 Sekunden Zeit, die Aussagen a–f zu lesen. Markieren Sie eventuell wichtige Wörter.

Tipp: Achten Sie auch schon darauf, welche Aussagen ähnlich sind. Dann können Sie beim Hören von Schlüsselwörtern sofort diese Aussagen als Lösungen in Betracht ziehen.

2. **Schritt:** Sie hören dann ein Beispiel, dessen Lösung schon markiert ist. Der markierte Satz kann dann nicht mehr die Lösung für Aufgabe 21–23 sein.

3. **Schritt:** Sie hören die Ansage „Nummer 21" und dann die erste Meinung. Sehen Sie beim Hören auf die Sätze a–f und vergleichen Sie, was die Person sagt, mit dem, was Sie in den Aussagen lesen.

4. **Schritt:** Auch hier hören Sie in der Regel nicht dieselben Wörter, sondern Umschreibungen oder Synonyme. Entscheiden Sie sich für die Aussage, die die Meinung insgesamt am besten wiedergibt.

5. **Schritt:** Markieren Sie Ihre Lösung und konzentrieren Sie sich nach der Ansage der Nummer auf die nächste Meinung.

6. **Schritt:** Übertragen Sie am Ende des Teils Ihre Lösungen auf den Antwortbogen.

Hinweis:

Am Ende des Subteils *Hören* bekommen Sie nicht zusätzlich Zeit, um Ihre Lösungen auf dem Antwortbogen zu markieren. Wenn der Teil zu Ende ist, müssen Sie den Antwortbogen für den Subteil abtrennen und abgeben. Nur die auf dem Antwortbogen markierten Lösungen werden ausgewertet.

Hören, Teil 4

Situation

4 *Sie hören ein Gespräch zwischen Kolleginnen und Kollegen zum Thema* **„Wochenenddienst“**.

Aufgabe

Welcher der Sätze a–f passt am besten zu den Meinungen 21–23? Markieren Sie Ihre Lösungen für die Aufgaben 21–23 auf dem Antwortbogen. Zwei der Sätze a–f passen nicht.
Lesen Sie jetzt die Sätze a–f. Dazu haben Sie 30 Sekunden Zeit. Danach hören Sie die Meinungen. Sie hören sie nur einmal.

Beispiel

○	○	○	●	○	○
a	b	c	d	e	f

21 …

22 …

23 …

a Als Ausgleich sind freie Wochentage angenehm.

b Am Wochenende sind die Stationen unterbesetzt.

c Auch am Wochenende zu arbeiten gehört einfach zum Beruf dazu.

d Der Wochenenddienst geht zu Lasten der eigenen Familie.

e Der Wochenenddienst lässt mehr Zeit für die Pflege.

f Während des Wochenenddienstes lernt man die Angehörigen kennen.

Hören, Teil 4

Antwortbogen

	a	b	c	d	e	f	
21	○	○	●	○	○	○	21
22	○	○	○	○	●	○	22
23	●	○	○	○	○	○	23

Kommentare

[21 c] *Auch am Wochenende zu arbeiten gehört einfach zum Beruf dazu.*
Sie hören:

Na ja, aber von irgendwem muss ja die Pflege am Wochenende übernommen werden. ... Aber dass wir nicht immer angenehme Arbeitszeiten haben würden, das wussten wir doch, als wir uns für den Pflegeberuf entschieden haben.

ⓘ Sie hören, dass Pflege auch am Wochenende geleistet werden muss und dass man dies auch bei der Berufswahl weiß. Das entspricht Aussage c.

[22 e] *Der Wochenenddienst lässt mehr Zeit für die Pflege.*
Sie hören:

Es fällt auch nicht so viel Organisatorisches an, wie die ganzen Terminabsprachen und das Vorbereiten der Patienten auf die diagnostischen Maßnahmen. Dann kann man sich auf die pflegerischen Maßnahmen konzentrieren und auch mal länger bei den Patienten bleiben ...

ⓘ Sie hören, dass sich die Pflegekräfte am Wochenende aus verschiedenen Gründen auf pflegerische Maßnahmen (also die Pflege) konzentrieren können und mehr Zeit für die Patienten haben. Aussage e passt also.

[23 a] *Als Ausgleich sind freie Wochentage angenehm.*
Sie hören:

Dafür hat man dann aber auch mal an einem anderen Tag frei und ... Ich finde es auch mal entspannend, dienstagmorgens in der fast leeren Fußgängerzone einkaufen zu können.

ⓘ Die Sprecherin sagt: dafür (also als Ausgleich für den Wochenenddienst) findet sie es entspannend (angenehm), dienstagmorgens (an einem Wochentag) einkaufen gehen zu können (sie muss also nicht arbeiten und hat frei). Das entspricht Aussage a. Aussage b ist nicht die Lösung, weil hier nur ein Satz der Sprecherin wiedergegeben wird und a die Meinung der Sprecherin am besten zusammenfasst.

Aus Platzgründen finden Sie den Antwortbogen für den Subteil Hören hier:

Hören

Teil 1

	a	b	c	
1	○	○	○	1
2	○	○	○	2
3	○	○	○	3
4	○	○	○	4

Teil 2

	a	b	c	
5	○	○	○	5
6	○	○	○	6
7	○	○	○	7
8	○	○	○	8
9	○	○	○	9
10	○	○	○	10
11	○	○	○	11
12	○	○	○	12
13	○	○	○	13
14	○	○	○	14

Teil 3

	a	b	c	
15	○	○	○	15
16	○	○	○	16
17	○	○	○	17
18	○	○	○	18
19	○	○	○	19
20	○	○	○	20

Teil 4

	a	b	c	d	e	f	
21	○	○	○	○	○	○	21
22	○	○	○	○	○	○	22
23	○	○	○	○	○	○	23

Lesen, Teil 1

In diesem Prüfungsteil lesen Sie sechs Betreffzeilen (a–f) sowie vier E-Mails (Aufgabe 24–27). Sie müssen entscheiden, welche Betreffzeile am besten zu jeder der vier E-Mails passt. Zwei Betreffzeilen passen zu keiner E-Mail.

60 Minuten für Lesen und Sprachbausteine

Hinweis:

Die Prüfungsteile Lesen Teil 1–4 und Sprachbausteine 1 und 2 müssen Sie in insgesamt 60 Minuten bearbeiten. Die beiden Teile haben einen gemeinsamen Antwortbogen, auf dem Sie Ihre Lösungen innerhalb dieser 60 Minuten markieren müssen.

Tipp: In welcher Reihenfolge Sie die Teile Lesen und Sprachbausteine lösen, können Sie selbst entscheiden. Teilen Sie sich die Zeit aber gut ein.

Lösungsstrategie: Schritt für Schritt

So geht's

1. Schritt: Lesen Sie die Betreffzeilen. Falls die Betreffzeilen länger sind, markieren Sie wichtige Wörter.

2. Schritt: Lesen Sie die dann die E-Mails. Sie können zuerst alle E-Mails einmal lesen und auch dort wichtige Wörter unterstreichen. Sie können aber auch erst eine E-Mail lesen, wichtige Wörter unterstreichen und diese mit den Betreffzeilen vergleichen.

3. Schritt: Notieren Sie neben der E-Mail, welche Betreffzeile(n) passen könnten: Lesen Sie dann die E-Mail noch einmal im Detail und wählen Sie die Betreffzeile aus, die am besten passt.

Tipp: Wenn Sie eine Betreffzeile zugeordnet haben und sich sicher sind, können Sie diese Betreffzeile auch durchstreichen. Dann müssen Sie sie für das Lösen der nächsten Aufgaben nicht mehr lesen und haben einen besseren Überblick.

4. Schritt: Übertragen Sie Ihre Lösungen auf den Antwortbogen.

Tipp: Denken Sie daran, dass eine Betreffzeile allgemein das Thema einer E-Mail beschreiben oder zusammenfassen sollte. Achten Sie daher auf die zentralen Aussagen sowohl der Betreffzeilen als auch der E-Mails – diese müssen zueinander passen. In den Details der E-Mail kann es trotzdem auch um andere Themen gehen oder aber einzelne Wörter in der E-Mail sind identisch mit Wörtern in einer der vorgegebenen Betreffzeilen.
Beispiel: Eine E-Mail hat den Absender „Betriebsrat" und eine der vorgegebenen Betreffzeilen lautet „Betriebsratsarbeit". Entscheiden Sie sich nicht zu schnell für diese Betreffzeile, prüfen Sie zunächst den Inhalt der E-Mail! Vielleicht geht es darin um neue Urlaubsregelungen oder Fortbildungen für die Mitarbeiter, dann passt die Betreffzeile „Betriebsratsarbeit" nicht.

Tipp: Achten Sie darauf, dass die Betreffzeile zu der ganzen E-Mail passt. Manchmal passt eine Betreffzeile nur zu einem Detail, aber nicht zu der ganzen E-Mail.

Lesen, Teil 1

Lesen Sie zuerst die Betreffzeilen a–f. Lesen Sie anschließend die E-Mails 24–27 und entscheiden Sie, welche Betreffzeile am besten zu jeder E-Mail passt.

Markieren Sie Ihre Lösungen für die Aufgaben 24–27 auf dem Antwortbogen.

a **Anbieterwechsel**

b **Anfrage zu Sterbebegleitung**

c **Ausstattung für die neuen Büros**

d **Dankesschreiben**

e **Information zu Veranstaltungen**

f **Umzug ins neue Gebäude**

24

An:

CC:

Betreff:

Liebe Kolleginnen und Kollegen,

ihr wisst, dass Anfang des nächsten Jahres eine neue QM-Software eingeführt wird. Damit der Übergang reibungslos klappt, werden wir zwei Schulungen in unserem Haus anbieten, eine am 12.11., die zweite am 23.11., jeweils von 9 bis 13 Uhr. An jeder Schulung können höchstens zehn Mitarbeiter teilnehmen. Wir bitten um eine Rückmeldung, wer sich für welchen Termin anmelden möchte, damit wir planen können. Vielen Dank!

Kollegiale Grüße
Hans Maurer, Teamleitung

25

An:

CC:

Betreff:

An alle Mitarbeiterinnen und Mitarbeiter!

Wegen der häufigen Produktions- und Lieferengpässe von Inkontinenzmaterial beim Hersteller „Grundmann Sanitärbedarf & Pharma" haben wir uns zu einem Wechsel des Herstellers entschlossen. Ab kommendem Monat werden wir Material des Herstellers „Sanmedico" einsetzen, das sich im Detail vom bisherigen Material unterscheidet. Nehmen Sie deshalb bitte die aktuellen Informations- und Anwendungshinweise zur Kenntnis, bevor Sie die neuen Materialien einsetzen.

Mit freundlichen Grüßen
J. Koller, Leitung Hauswirtschaftsabteilung

26

An:

CC:

Betreff:

An alle Mitarbeiterinnen und Mitarbeiter!

Wie wir bereits auf der Jubiläumsveranstaltung angekündigt haben, ziehen mehrere Abteilungen unseres Hauses bis zum 1. Januar um. Der Sozialdienst und die Apotheke werden bereits vor Weihnachten in das neue Gebäude umziehen, die Verwaltung zieht dann Ende Dezember in ihre neuen Büros dort ein. Eventuell sind die Mitarbeiter dieser Abteilungen daher zwischen Mitte und Ende Dezember nicht immer erreichbar. Wir bitten um Verständnis.

Mit freundlichen Grüßen
H. Haller, Leitung

27

An:

CC:

Betreff:

Liebe Pflegekräfte,

wir möchten uns auf diesem Wege herzlich für die hervorragende Betreuung unserer Mutter bzw. Schwiegermutter Beate Rausch in Ihrem Hospiz bedanken. Dass unsere Mutter auf ihrem letzten Weg nicht nur professionell gepflegt, sondern vor allem liebevoll und fürsorglich betreut wurde, war und ist uns eine große Hilfe – insbesondere, da wir so weit entfernt leben und uns selbst nicht immer um sie kümmern konnten. Ein ganz großes Dankeschön!

Herzlichst
Frank & Julia Rausch

Lesen, Teil 1

Antwortbogen

	a	b	c	d	e	f	
24	○	○	○	○	●	○	**24**
25	●	○	○	○	○	○	**25**
26	○	○	○	○	○	●	**26**
27	○	○	○	●	○	○	**27**

Kommentare

[24 e] *Betreff: Information zu Veranstaltungen*

Sie lesen in der E-Mail, dass es um „Schulungen" geht, also bestimmte Veranstaltungen. Zu diesen Schulungen werden Termine (= weitere Informationen) gegeben. Die Lösung ist daher „Information zu Veranstaltungen".

[25 a] *Betreff: Anbieterwechsel*

Sie lesen in der E-Mail nicht wörtlich „Wechsel" oder „wechseln", aber inhaltlich geht es in der E-Mail darum, dass es in Zukunft Material (Inkontinenzmaterial) eines anderen Herstellers (= Anbieters) gibt. Es findet also ein Wechsel vom alten Hersteller zu einem neuen Hersteller statt (= Anbieterwechsel).

[26 f] *Betreff: Umzug ins neue Gebäude*

Sie lesen in der E-Mail, dass „mehrere Abteilungen" umziehen und „der Sozialdienst und die Apotheke bereits vor Weihnachten in das neue Gebäude ... umziehen, die Verwaltung zieht Ende Dezember in ihre neuen Büros dort (= auch im neuen Gebäude) ein". Betreff c „Ausstattung für die neuen Büros" scheint passend, aber es geht in der E-Mail nicht um die Ausstattung, nur um den Umzug.

[27 d] *Betreff: Dankesschreiben*

In dieser E-Mail geht es darum, dass jemand in einem Hospiz betreut wurde. Die Betreffzeile „Anfrage zu Sterbebegleitung" könnte auf den ersten Blick inhaltlich auch passen, in der E-Mail geht es dann aber darum, dass sich die Angehörigen „bedanken" und den Pflegekräften „Dankeschön" sagen.

Lesen, Teil 2

Sie lesen fünf Sätze (Aufgabe 28–32) und die Ausschnitte (a–h) aus einer Pflegeplanung. Sie müssen die Sätze dem jeweils passenden Ausschnitt aus der Pflegeplanung zuordnen. Einer der fünf Sätze passt zu keinem Ausschnitt. Für diese Aufgabe müssen Sie auf dem Antwortbogen das „x" markieren.

Hinweis:

Markieren Sie Ihre Lösungen auf dem Antwortbogen mit einem Bleistift. Kreuzen Sie die Lösungen nicht an, sondern malen Sie das ovale Feld aus.

Lösungsstrategie: Schritt für Schritt

So geht's

1. **Schritt:** Lesen Sie zuerst die fünf Sätze und markieren Sie beim Lesen wichtige Wörter.
2. **Schritt:** Überfliegen Sie den gesamten Ausschnitt aus der Pflegeplanung und achten Sie auf den Inhalt: Um welches Thema geht es in welcher Zeile? Markieren Sie ggf. wichtige Wörter oder notieren Sie das Thema.
3. **Schritt:** Gehen Sie zurück zu den Sätzen: Können Sie einen Satz nach dem Überfliegen der Pflegeplanung einer Zeile zuordnen? Dann notieren Sie die Lösung.
4. **Schritt:** Sie können auch bei jedem Satz überlegen, was er beschreibt: ein Problem, eine Ressource, ein Ziel oder eine Maßnahme? Überfliegen Sie dann die entsprechenden Spalten und lesen Sie den Text genau, wenn Sie ein passendes Thema gefunden haben.
5. **Schritt:** Wenn Sie sich bei einem Satz unsicher sind, zu welcher Zeile er passt, können Sie auch zuerst alle möglichen Lösungen neben dem Satz notieren und später die Sätze und Zeilen noch einmal genau lesen.
6. **Schritt:** Einer der Sätze passt zu keiner Zeile aus der Pflegeplanung, markieren Sie für diesen Satz „x" auf dem Antwortbogen.
7. **Schritt:** Übertragen Sie Ihre Lösungen auf den Antwortbogen.

Tipp: Sie finden in der Pflegeplanung nicht dieselben Wörter wie in den Sätzen, sondern Synonyme und Umschreibungen. Überlegen Sie deshalb schon beim Lesen der Sätze, wie die zentralen Begriffe anders ausgedrückt werden können.

Tipp: Wenn Sie einen Satz bzw. eine Zeile zugeordnet haben und sich sicher sind, können Sie beides auch durchstreichen. So haben Sie einen besseren Überblick, welche Sätze bzw. Zeilen Sie noch zuordnen müssen.

Tipp: Ordnen Sie zuerst alle Sätze zu, für die Sie eine eindeutige Lösung finden. Überprüfen Sie erst zum Schluss die „x-Option", also den Satz, den Sie nicht zuordnen können.

Lesen, Teil 2

Lesen Sie die Sätze 28–32. Lesen Sie die Ausschnitte a–h aus der Pflegeplanung (z.B. nach AEDL von Monika Krohwinkel).
Welcher Satz 28–32 passt zu welchem Ausschnitt a–h in der Pflegeplanung?
Markieren Sie Ihre Auswahl für die Sätze 28–32 auf dem Antwortbogen.
Für einen Satz gibt es keine passende Antwort. Markieren Sie diesen Satz mit einem x.

28 Frau Sommer möchte Hilfe wegen psychischer Probleme.

29 Das Pflegepersonal achtet darauf, dass Frau Sommer genug isst.

30 Frau Sommer lernt, wie sie sich im Bett alleine umdrehen kann.

31 Frau Sommer wird täglich zu einer Gruppe gebracht, die Brettspiele spielt.

32 Das Pflegepersonal hilft Frau Sommer dabei, sich in den Rollstuhl zu setzen.

Aus dem Aufnahmebericht eines Seniorenheims:

Frau Sommer ist derzeit nach einem Apoplex in ihrer Mobilität stark eingeschränkt und kann sich nicht alleine oder mit Unterstützung zu Hause versorgen. Sie ist linksseitig gelähmt und davon als Linkshänderin besonders betroffen.

Ausschnitt	Problem	Ressourcen	Ziel(e)	Maßnahmen
a	*Frau Sommer kann aufgrund einer Hemiparese links nicht ohne Unterstützung aufstehen.*	*Kann das rechte Bein und den rechten Arm bewegen, kann sich im Bett aufsetzen, möchte gerne selbstständig sein.*	*Nahziel: Aufsetzen im Bett ohne Hilfe, Transfer mit Hilfe. Fernziel: Eigenständiger Transfer vom Bett in den Rollstuhl, ggf. mit Hilfe von Gehstock.*	*PP unterstützt Frau S. beim Transfer aus dem Bett in den Rollstuhl (festhalten, stützen). Weitere Mobilisierung durch die Physiotherapeutin, Frau Irene Otto.*
b	*Frau Sommer kann ihre Lage im Bett nicht selbstständig verändern.*	*Kann das rechte Bein und den rechten Arm bewegen, kann sich im Bett aufsetzen.*	*Nahziel: Sich mit Hilfe auf beide Seiten drehen. Fernziel: Selbstständige Lageveränderung.*	*PP unterstützt Frau S. bei Lageveränderungen und leitet sie schrittweise dabei an.*
c	*Mögliche Komplikation: Dekubitus.*	*Kann das rechte Bein und den rechten Arm bewegen, kann sich im Bett aufsetzen, Körperhygiene ist ihr wichtig.*	*Nah- und Fernziel: Wundliegen verhindern.*	*PP achtet auf Körperhygiene, leitet Frau S. bei der Wäsche an, führt tägliche Hautbildkontrolle durch.*

d	Frau Sommer kann Nahrung nicht eigenständig zerkleinern und isst momentan sehr wenig.	Rechte Hand beweglich, derzeit Normalgewicht.	Nahziel: Regelmäßige, eigenständige Nahrungsaufnahme, Halten des Normalgewichts. Fernziel: Zerkleinern von Nahrung mit der rechten Hand möglich.	PP leitet Frau Sommer dazu an, Nahrung mit der Gabel in der rechten Hand zu zerkleinern und achtet auf regelmäßige Aufnahme von ca. 1500 Kalorien. Wöchentliche Kontrolle des Gewichts. 2x pro Woche gezielte Physiotherapie auf dem Zimmer zur Unterstützung der Feinmotorik der rechten Hand.
e	Frau Sommer kann infolge des Apoplex nicht deutlich sprechen.	Hört gut (mit Hörgerät), versteht die gesprochene Sprache, kann einfache Worte wie „Ja" und „Nein" ausreichend deutlich artikulieren, kann mit der rechten Hand gestikulieren.	Nahziel: Sichere Verständigung mit Gesten bzw. einfachen Worten, vor allem beim Hilfebedarf. Fernziel: Fähigkeit zu deutlicher Artikulation so weit wie möglich wiederherzustellen	PP stellt Ja-/Nein-Fragen. PP plant nachmittags 10 Minuten Einzelbetreuung mit biografischem Gespräch. Frau Sommer erhält 3x wöchentlich Logopädie durch die Logopädin, Frau Beyer.
f	Frau Sommer leidet seit dem Apoplex an Depressionen.	Frau Sommer ist einer Therapie gegenüber aufgeschlossen.	Regelmäßige Teilnahme an Therapie	Frau Sommer erhält 2x wöchentlich Beratung bzw. Unterstützung durch den Psychologen, Herrn Dr. Thimm.
g	Frau Sommer isoliert sich aufgrund ihrer Depressionen.	Laut Biographiebericht mehrere Hobbys: Lesen (vor allem Biologie), Schach spielen, Malen. Frau Sommer hat eine Großnichte und Kontakt zu einer Nachbarin.	Nahziel: Spielt einmal wöchentlich Schach, erhält regelmäßig Besuch. Fernziel: Nimmt in vier Wochen mehrmals pro Woche an Betreuungsangeboten in der Gruppe teil.	PP bringt Frau S. einmal wöchentlich montags 14 Uhr zu Herrn Müller im Wohnbereich 4 zum Schachspielen. PP bespricht mit der Großnichte und der Nachbarin, inwieweit sie Frau Sommer regelmäßig besuchen können. PP bietet Frau Sommer Aktivitäten an (auch Gruppenaktivitäten).
h	Frau Sommer hat Durchschlafstörungen.	Kann Notrufklingel mit rechter Hand bedienen.	Nah- und Fernziel: Frau Sommer hat ungestörten Nachtschlaf.	PP bietet eine Tasse Baldriantee am Abend zur Schlafförderung an.

Lesen, Teil 2

Antwortbogen

	a	b	c	d	e	f	g	h	x	
28	○	○	○	○	○	●	○	○	○	**28**
29	○	○	○	●	○	○	○	○	○	**29**
30	○	●	○	○	○	○	○	○	○	**30**
31	○	○	○	○	○	○	○	○	●	**31**
32	●	○	○	○	○	○	○	○	○	**32**

Kommentare

[28 f]

In dem Satz lesen Sie, dass Frau Sommer „Hilfe wegen psychischer Probleme" möchte. Im Bericht finden Sie dann aber nicht dieselben Wörter wie in der Aussage. Sie müssen wissen, dass eine Depression ein (spezielles) psychisches Problem ist, außerdem müssen Sie wissen, dass „aufgeschlossen sein" gleichbedeutend damit ist, dass jemand etwas (machen) möchte.

[29 d]

In diesem Satz geht es um „essen", also die Ernährung von Frau Sommer. Außerdem wird in dieser Aussage eine Anweisung für das Pflegepersonal formuliert, das ist ein Hinweis darauf, dass eine Maßnahme beschrieben wird. Sie finden im Bericht in Zeile d die genauen Anweisungen dazu, worauf das PP bei der Ernährung von Frau Sommer achten soll – auch wenn hier nicht das Wort „essen" verwendet wird.

[30 b]

Hier geht es um die (eingeschränkte) Mobilität von Frau Sommer und konkret darum, dass das PP Frau Sommer erklären soll, wie sie sich im Bett alleine umdrehen kann. Sowohl in Zeile a als auch Zeile b geht es um die Mobilität im Bett bzw. das Aufstehen aus dem Bett. Achten Sie jetzt auf die Details: In Zeile a geht es um den Transfer, in Zeile b um Lageveränderung. Sie müssen wissen, dass das Umdrehen im Bett eine spezielle Form der Lageveränderung ist und nicht zu „Transfer" passt. Zusätzliche Informationen finden Sie auch in der Spalte „Ziele", in der es heißt, dass das Nahziel ist, dass Frau Sommer sich „mit Hilfe auf beide Seiten drehen" kann. Daher ist Zeile b richtig.

[31 x]

In diesem Satz geht es um „Brettspiele" – hierzu finden Sie im Bericht in Zeile g Informationen. Achten Sie nun auf die Details: Die Kernaussage des Satzes lautet, dass Frau Sommer täglich an einer Gruppenaktivität teilnehmen soll. In Zeile g wird zwar gesagt, dass Frau Sommer am Schachspielen in der Gruppe teilnehmen soll, aber das Nahziel ist die Teilnahme einmal pro Woche, das Fernziel die Teilnahme mehrmals pro Woche – aber nicht täglich. Daher passt diese Zeile nicht zu Satz 31, obwohl es um Schachspielen in der Gruppe geht.

[32 a]

In diesem Satz geht es wieder um die Mobilität von Frau Sommer. In Zeile a lesen Sie unter „Ressourcen", dass das PP Frau Sommer beim „Transfer" (das ist der Fachbegriff dafür, jemanden aus dem bzw. in das Bett zu bringen) „unterstützt" (ein anderes Wort für „helfen"). Daher ist Zeile a die Lösung.

Lesen, Teil 3

Sie lesen drei Texte und lösen zu jedem Text zwei Aufgaben mit jeweils drei Antwortmöglichkeiten (Aufgabe 33–38). Die Texte sind immer informative Texte wie Beipackzettel, Anleitungen oder Rundschreiben. Sie können selbst entscheiden, in welcher Reihenfolge Sie die Texte und Aufgaben bearbeiten.

Lösungsstrategie: Schritt für Schritt

So geht's

1. **Schritt:** Lesen Sie zuerst die Aufgaben und die Antwortmöglichkeiten und markieren Sie wichtige Wörter. Überlegen Sie, welche Synonyme und Umschreibungen Sie zu diesen Wörtern kennen. Das ist wichtig, weil im Text meistens andere Wörter verwendet werden als in den Aufgaben.

2. **Schritt:** Lesen Sie den Text. Suchen Sie zuerst die Textstelle, die zum Inhalt einer Aufgabe passt. Konzentrieren Sie sich dann auf die Details: Lesen Sie jede Antwortmöglichkeit genau und vergleichen Sie mit dem Text. Denken Sie daran, dass im Text Synonyme und Umschreibungen verwendet werden können.

3. **Schritt:** Wählen Sie für jede Aufgabe die Antwortmöglichkeit aus, die Sie für die richtige halten. Kreuzen Sie die Antwort zunächst an und übertragen Sie am Ende dieses Teils alle Lösungen auf den Antwortbogen.

Tipp: Sie können zuerst alle Texte und Aufgaben kurz überfliegen und dann den Text bzw. die Aufgaben bearbeiten, die Sie persönlich am einfachsten finden. Denken Sie aber daran, auch die anderen Texte und Aufgaben zu bearbeiten.

Tipp: Sie müssen beim Lesen nicht jedes Wort im Text verstehen. Konzentrieren Sie sich darauf, die Textstellen zu finden, die zu den Antwortmöglichkeiten passen, und diese Textstellen zu verstehen. Beim Lösen der Aufgaben ist wichtig, was im Text steht. Es ist nicht wichtig, was Sie persönlich für richtig halten.

Lesen, Teil 3

Lesen Sie die Texte 1–3 und die Aufgaben 33–38. Entscheiden Sie, welche Antwort (a, b oder c) am besten passt.

Markieren Sie Ihre Lösungen für die Aufgaben 33–38 auf dem Antwortbogen.

Text 1

Bacteriosan Salbe
Aktiver Wirkstoff: Fusidinsäure (15 mg pro 1 g Salbe)

Wie wirkt der Inhaltsstoff des Arzneimittels?
Bei dem Wirkstoff Fusidinsäure handelt es sich um ein Antibiotikum, das bestimmte Bakterien bekämpft, indem der Aufbau von Eiweißbestandteilen in den Bakterien verhindert wird. Da diese Eiweißbestandteile für das Wachstum und die Vermehrung der Bakterien notwendig sind, sterben die Bakterien ohne diese Bestandteile ab.

Anwendungsgebiete von Bacteriosan Salbe
Die Salbe wird bei Bakterieninfektionen der Haut angewendet. Da verschiedene Erreger eine Hauterkrankung verursachen können, kann nur der Arzt entscheiden, ob Bacteriosan Salbe wirksam ist.

Welche unerwünschten Wirkungen können auftreten?
Es kann zu Überempfindlichkeitsreaktionen der Haut, wie Brennen oder Rötungen, kommen.

Anwendungshinweise
Die Gesamtdosis sollte nicht ohne Rücksprache mit einem Arzt überschritten werden.

Art der Anwendung
Tragen Sie das Arzneimittel auf die betroffene Hautstelle auf und vermeiden Sie Kontakt mit den Augen.

Dauer der Anwendung
Die Anwendungsdauer richtet sich nach Art der Erkrankung und kann nur von Ihrem Arzt festgelegt werden. Allgemein dauert die Behandlung 6 bis 8 Tage.

Überdosierung
Bei einer sachgemäßen Anwendung kommt es zu keinen Überdosierungserscheinungen. Im Zweifelsfall wenden Sie sich an Ihren Arzt.

Anwendung vergessen?
In diesem Fall setzen Sie die Anwendung zum nächsten Zeitpunkt mit der normalen Menge (nicht mit der doppelten Menge) fort.

33 Die Salbe
- **a** bekämpft Bakterien, die Proteine zerstören.
- **b** enthält eine Kombination aus einem Antibiotikum und Proteinen.
- **c** verhindert die Vermehrung von Bakterien.

34 Wenn man zu viel Salbe benutzt,
- **a** hat das keine Auswirkungen.
- **b** soll man den Arzt kontaktieren.
- **c** tritt häufig Ausschlag auf.

Lesen, Teil 3

Text 2

Information zur Aufnahme von Gerda Fuchs

Frau Fuchs wurde am 13.11.1987 geboren. Bei einem Badeunfall im Sommer 1990 hat sie durch Sauerstoffmangel bleibende Schäden des Gehirns davongetragen. Seitdem besteht eine schwerste Beeinträchtigung der Selbstständigkeit, wobei ihr AZ seit Jahren stabil ist. Die Pflege wurde bislang von den Eltern, Karl und Maria Fuchs, übernommen, die mehrmals wöchentlich von einem ambulanten Pflegedienst unterstützt wurden.

Da Karl Fuchs seit einem Herzinfarkt vor einem Monat selbst gesundheitlich eingeschränkt ist, waren die Eltern nun mit der Pflege ihrer Tochter überfordert und haben Gerda Fuchs in unserem Pflegeheim angemeldet, obwohl ihnen diese Entscheidung sehr schwergefallen ist. Frau Gerda Fuchs wird in der kommenden Woche das freie Zimmer 47 beziehen.

Um der Familie Fuchs die Umstellung so leicht wie möglich zu machen, wurde vereinbart, dass ein Elternteil während der ersten Woche im Zimmer von Gerda Fuchs übernachten kann. Die Eltern wünschen sich darüber hinaus, auch weiterhin in die Pflege ihrer Tochter eingebunden zu werden. Gerne wollen wir die engagierten Eltern in die Planung der pflegerischen Versorgung einbinden und werden dies in der Teambesprechung kommende Woche diskutieren. Bis dahin werden fast alle PP der Station die Familie Fuchs kennengelernt haben und können dann gerne bei der Teambesprechung Vorschläge einbringen.
Weitere Informationen sowie der vollständige Aufnahmebericht folgen zeitnah.

Kollegiale Grüße
H. Jansen

35 Gerda Fuchs
- **a** geht es seit Kurzem deutlich schlechter.
- **b** kam mit einem Gehirnschaden zur Welt.
- **c** muss rund um die Uhr gepflegt werden.

36 Die Eltern
- **a** möchten auch in Zukunft einen Teil der Pflege übernehmen.
- **b** schlafen einige Zeit gemeinsam bei der Tochter im Heim.
- **c** treffen sich nächste Woche mit dem Pflegeteam zu einer Besprechung.

Lesen, Teil 3

Text 3

Information: Hygienemaßnahmen bei Patienten mit Clostridioides difficile-Infektion (CDI)

Da es im Haus vermehrt zu Infektionen mit dem Bakterium Clostridioides difficile gekommen ist, möchten wir an die Hygienevorschriften für den Umgang mit infizierten Patienten erinnern:

1 Basishygiene
Bei der hygienischen Händedesinfektion, die Bestandteil der Basishygiene ist, werden nur die lebenden Bakterien abgetötet. Die Sporen der Bakterien können durch diese Form der Desinfektion hingegen nicht reduziert oder abgetötet werden. Dennoch ist die obligatorische hygienische Händedesinfektion selbstverständlich einzuhalten, muss aber um folgende Maßnahmen ergänzt werden:

2 Zusätzliche obligatorische Maßnahmen
Nach Verlassen eines Zimmers müssen die Hände unbedingt mit einer tensidhaltigen Seife gewaschen werden. Nur durch diese Maßnahme können auch die Sporen des Bakteriums stark reduziert bzw. abgetötet werden. Da Studien außerdem gezeigt haben, dass mit Seifen, die zudem ein Desinfektionsmittel enthalten, die besten Ergebnisse erzielt werden, ist bis auf Weiteres bei der Behandlung von kontaminierten Patienten das Waschpräparat Sanitox zu verwenden, das auch Hypochlorit enthält. Das Präparat wurde bereits an alle Stationen verteilt.

3 Freiwillige Maßnahmen
Das Waschen der Hände sollte mit warmem Wasser durchgeführt werden, da die Wirksamkeit hierbei nochmals leicht gegenüber dem Waschen mit Kaltwasser erhöht ist.

Die unter 1 und 2 genannten Maßnahmen sind unbedingt einzuhalten. Alle weiteren, hier nicht extra genannten Maßnahmen der Basishygiene gelten selbstverständlich unverändert.

gez. Kellermann, stellv. Leitung

37 Die bisher im Haus verwendeten Mittel
- **a** bekämpfen diese Bakterienart nicht.
- **b** bekämpfen diese Erreger nur teilweise.
- **c** führen zu einer Vermehrung der Sporen.

38 Pflegekräfte, die kontaminierte Patienten behandeln, müssen ihre Hände
- **a** ab sofort mit einem bestimmten Mittel waschen.
- **b** nach Verlassen eines Zimmers mit warmem Wasser waschen.
- **c** nach Umgang mit einem Patienten nochmals desinfizieren.

Lesen, Teil 3

Antwortbogen

	a	b	c	
33	○	○	●	33
34	●	○	○	34
35	○	○	●	35
36	●	○	○	36
37	○	●	○	37
38	●	○	○	38

Kommentare

[33 c]

Im Text steht, dass die Salbe Eiweißbestandteile in den Bakterien bekämpft und dass diese Eiweißbestandteile für die Vermehrung der Bakterien notwendig sind. Es geht also nicht darum, dass die Bakterien Eiweiße zerstören (Antwort a), sondern darum, dass die Bakterien sich nicht weiter vermehren können, weil die Salbe die Eiweißbestandteile in den Bakterien zerstört (Antwort c).

[34 a]

In der Aufgabe geht es darum, was passiert, wenn man „zu viel Salbe benutzt". Diese Formulierung ist eine Umschreibung für eine Überdosierung. In dem Text steht zum Thema „Überdosierung", dass es zu keinen Überdosierungserscheinungen kommt, das heißt, dass es keine Auswirkungen hat, wenn man zu viel Salbe benutzt.

[35 c]

Im Text lesen Sie „schwerste Beeinträchtigung der Selbstständigkeit", das bedeutet, die Person ist rund um die Uhr auf Pflege angewiesen. Daher ist c die richtige Lösung.

[36 a]

Im Text lesen Sie, dass die Eltern auch „weiterhin in die Pflege ihrer Tochter eingebunden" werden wollen. Das ist eine Umschreibung dafür, dass die Eltern bei der Pflege weiterhin helfen bzw. einen Teil der Pflege übernehmen wollen.

[37 b]

Im Text steht, dass die Mittel, die in der Basishygiene verwendet werden, die Bakterien abtöten, aber nicht die Sporen der Bakterien. Das heißt, der Erreger wird nicht vollständig bekämpft, sondern nur teilweise (Antwort b).

[38 a]

In dem Abschnitt zu den zusätzlichen obligatorischen Maßnahmen lesen Sie, dass „bis auf Weiteres" (= ab sofort und bis es andere Anweisungen gibt) ein neues Mittel verwendet werden muss, wenn man kontaminierte Patienten behandelt (Antwort a).

Lesen, Teil 4

Sie lesen einen Text und drei Aussagen (Aufgabe 39–41). Sie sollen für jede Aussage entscheiden, ob sie richtig oder falsch ist. Der Text ist ein formeller Informationstext, zum Beispiel ein Rundschreiben zu neuen Vorschriften, Anweisungen an Mitarbeiter o. ä.

Tipp: Der Text ist etwas länger und sprachlich komplexer. Planen Sie deshalb genug Zeit für diesen Prüfungsteil ein.

Lösungsstrategie: Schritt für Schritt

So geht's

1. Schritt: Lesen Sie zuerst die drei Aussagen und markieren Sie wichtige Wörter.

2. Schritt: Lesen Sie den Text und konzentrieren Sie sich auf die Textstellen, die zu den Aussagen passen. Die Textstellen finden Sie in derselben Reihenfolge wie die Aufgaben, also zuerst die Textstelle zu Aufgabe 39, dann 40 und dann 41. Denken Sie daran, dass im Text andere Wörter als in den Aufgaben verwendet werden können.

3. Schritt: Entscheiden Sie für jede Aussage: Steht das so im Text? Dann ist die Aussage richtig, sonst ist sie falsch. Übertragen Sie Ihre Lösungen auf den Antwortbogen.

Tipp: Mit „richtig" bzw. „falsch" ist gemeint, ob eine Aussage im Text zu finden ist (= richtig) oder ob der Aussage im Text widersprochen wird (= falsch). Es geht nicht darum, ob Sie die Aussage aufgrund Ihres Wissens oder Ihrer Erfahrung für richtig oder falsch halten.

Tipp: Wenn Sie sich bei einer Aussage unsicher sind, gehen Sie zuerst weiter und versuchen Sie dann am Schluss noch einmal, die Aussage zu prüfen und sich für eine Lösung zu entscheiden.

Hinweis:

Übertragen Sie die Lösungen auf den Antwortbogen, denn nur der Antwortbogen wird ausgewertet. Achten Sie auch auf die Zeit – Sie haben insgesamt 60 Minuten Zeit, um die Teile Lesen 1 bis 4 sowie Sprachbausteine 1 und 2 zu lösen und Ihre Lösungen auf dem Antwortbogen zu markieren.

Tipp: Wenn Sie die Prüfung ein paar Mal geübt haben, wissen Sie, für welche Teile Sie mehr oder weniger Zeit benötigen. Denken Sie daran, dass es für alle Teile auch unterschiedlich viele Punkte gibt, und finden Sie für sich die beste Reihenfolge, um alle Teile zu bearbeiten.

Lesen, Teil 4

Lesen Sie den Text. Entscheiden Sie, ob die Aussagen 39–41 richtig oder falsch sind. Markieren Sie Ihre Lösungen für die Aufgaben 39–41 auf dem Antwortbogen.

Ankündigung

Informationsveranstaltung zu Patientenverfügungen

Am 12. November wird im zentralen Verwaltungsgebäude unserer Klinik eine halbtägige Informationsveranstaltung zu Patientenverfügungen stattfinden, in der sowohl die geänderten gesetzlichen Rahmenbedingungen zusammengefasst als auch Beispiele aus der Praxis für eine gelungene Umsetzung sowie vor allem die Beratung und Begleitung der Patientinnen bzw. Patienten vorgestellt werden.

Von unserer Station werden neben Assistenzarzt Dr. Wulff die Pflegekräfte Frau Judith Rios und Herr Stefano Fichera teilnehmen.

Im vergangenen Jahr ist der Beratungsbedarf seitens der Patientinnen und Patienten sowie deren Angehörigen deutlich gestiegen, da das Thema offenbar gesellschaftlich an Bedeutung gewonnen hat. Jedoch kennen nur wenige Patienten die juristischen Vorgaben, darüber hinaus ist der Umgang mit diesem sensiblen Thema für viele Patientinnen und Patienten nach wie vor problematisch, sodass wir hier nicht nur eine rechtlich fundierte, sondern auch eine einfühlsame Beratung anbieten wollen. Zudem wollen wir den Patientinnen und Patienten ab kommendem Jahr Beispiele und Muster zur Verfügung stellen, die sie dann individuell an ihre Bedürfnisse anpassen können.

Die Ergebnisse der Veranstaltung werden in einem Protokoll, das durch die Referenten zur Verfügung gestellt wird, auf unserer Station bekanntgegeben.

Sollten Mitarbeitende unserer Station Fragen haben, die sie gerne durch die Referenten beantworten lassen möchten, so können diese bis zum 04. November an die Kollegin Rios und den Kollegen Fichera weitergegeben werden.

39 Es gibt neue juristische Vorgaben für Patientenverfügungen.
richtig/falsch?

40 Man kann auf der Station jetzt schon Vorlagen für eine Patientenverfügung bekommen.
richtig/falsch?

41 Frau Rios und Herr Fichera werden die wichtigsten Informationen schriftlich zusammenfassen.
richtig/falsch?

Lesen, Teil 4

Antwortbogen

39	● richtig	○ falsch	39
40	○ richtig	● falsch	40
41	○ richtig	● falsch	41

Kommentare

[39 richtig]

In dieser Aussage lesen Sie „neue juristische Vorgaben". Im Text finden Sie Synonyme zu diesen Wörtern, die dasselbe bedeuten: „geänderte gesetzliche Rahmenbedingungen". Zu diesem Thema gibt es eine Veranstaltung mit Informationen über die geänderten gesetzlichen Rahmenbedingungen, das heißt, die Änderungen sind auch schon gültig. Die Aussage ist deshalb richtig.

[40 falsch]

In dieser Aussage heißt es, dass Sie jetzt schon Vorlagen (= Muster) für Patientenverfügungen auf der Station bekommen können. Im Text heißt es dazu, dass „ab dem kommenden Jahr ... Muster ... zur Verfügung" gestellt werden – also erst in der Zukunft. Jetzt gibt es diese Muster noch nicht auf der Station. Deshalb ist die Aussage falsch.

[41 falsch]

In dieser Aussage heißt es, dass zwei Kollegen die Ergebnisse der Informationsveranstaltung schriftlich zusammenfassen. Das ist eine Umschreibung für ein Protokoll. Im Text heißt es zwar, dass es ein Protokoll geben wird, aber das Protokoll schreiben nicht Ihre Kollegen, sondern der Referent. Deshalb ist diese Aussage falsch.

Lesen und Sprachbausteine

Lesen, Teil 1

24	a	b	c	d	e	f	24
25	a	b	c	d	e	f	25
26	a	b	c	d	e	f	26
27	a	b	c	d	e	f	27

Lesen, Teil 2

28	a	b	c	d	e	f	g	h	x	28
29	a	b	c	d	e	f	g	h	x	29
30	a	b	c	d	e	f	g	h	x	30
31	a	b	c	d	e	f	g	h	x	31
32	a	b	c	d	e	f	g	h	x	32

Lesen, Teil 3

33	a	b	c	33
34	a	b	c	34
35	a	b	c	35
36	a	b	c	36
37	a	b	c	37
38	a	b	c	38

Lesen, Teil 4

39	richtig	falsch	39
40	richtig	falsch	40
41	richtig	falsch	41

Sprachbausteine, Teil 1

42	a	b	c	d	e	f	g	h	i	j	42
43	a	b	c	d	e	f	g	h	i	j	43
44	a	b	c	d	e	f	g	h	i	j	44
45	a	b	c	d	e	f	g	h	i	j	45
46	a	b	c	d	e	f	g	h	i	j	46
47	a	b	c	d	e	f	g	h	i	j	47
48	a	b	c	d	e	f	g	h	i	j	48
49	a	b	c	d	e	f	g	h	i	j	49

Sprachbausteine, Teil 2

50	a	b	c	50
51	a	b	c	51
52	a	b	c	52
53	a	b	c	53
54	a	b	c	54
55	a	b	c	55
56	a	b	c	56
57	a	b	c	57
58	a	b	c	58
59	a	b	c	59

Sprachbausteine, Teil 1

Sie lesen einen Sachtext, in dem acht Lücken (Aufgabe 42–49) sind. In einem Kasten lesen Sie zehn Wörter (a–j) und müssen für jede Lücke im Text das passende Wort aussuchen. Da es acht Textlücken und zehn Wörter gibt, bleiben zwei Wörter übrig.
In dieser Aufgabe geht es nicht um Grammatik oder Wortschatz, sondern um das Textverständnis. Deshalb ist für das Lösen wichtig, die Zusammenhänge zu verstehen, z. B. Gründe und Folgen, aber auch, was wann passiert (ist).

Lösungsstrategie: Schritt für Schritt

So geht's

1. Schritt: Lesen Sie zuerst die Wörter a–j im Kasten, damit Sie die Antwortmöglichkeiten schon kennen.

2. Schritt: Lesen Sie den Text bis zum Ende des Satzes mit der ersten Lücke. Vielleicht haben Sie sofort eine Idee, welches Wort in dieser Lücke fehlt. Suchen Sie im Kasten, ob Sie dieses Wort oder ein Synonym dafür als Antwortmöglichkeit finden. Streichen Sie dieses Wort dann im Kasten durch und notieren Sie das Lösungswort und/oder den Buchstaben neben die Zahl in der Lücke. Wenn Sie ganz sicher sind, können Sie auch gleich Ihre Lösung auf dem Antwortbogen markieren. Manchmal müssen Sie auch den nächsten Satz lesen, um den Zusammenhang zu verstehen und die Aufgabe lösen zu können.

3. Schritt: Lesen Sie weiter und gehen Sie bei allen anderen Lücken auch so vor.

4. Schritt: Wenn Sie eine Lücke nicht schnell schließen können, gehen Sie zur nächsten Lücke, denn die Zeit ist knapp. Versuchen Sie die fehlenden Lösungen erst zum Schluss zu finden.

5. Schritt: Wenn Sie alle Lücken geschlossen haben und noch Zeit ist, überprüfen Sie Ihre Lösungen noch einmal und denken Sie daran, dass es um das Textverständnis geht: Ergeben die Sätze mit dem eingefügten Wort Sinn?

Tipp: Markieren Sie auf jeden Fall bei jeder Aufgabe eine Lösung, auch wenn Sie nicht sicher sind, dass Ihre Lösung richtig ist. Wenn Ihre Antwort falsch ist, wird kein Punkt abgezogen. Aber wenn Sie auf dem Antwortbogen nichts markieren, bekommen Sie definitiv keinen Punkt.

Sprachbausteine, Teil 1

Lesen Sie den folgenden Text und entscheiden Sie, welcher Ausdruck a–j am besten in die Lücken 42–49 passt.

Markieren Sie Ihre Antworten für die Aufgaben 42–49 auf dem Antwortbogen.

Pflegebericht (häusliche Pflege)

Frau Tina Schwermann hat mit Hilfe der Physiotherapie gute Fortschritte gemacht und kann jetzt selbstständig den Toilettenstuhl benutzen. Die Flüssigkeitszufuhr ist ein Problem, __**42**__ Frau Schwermann ausschließlich Kaffee mag und nur zwei Tassen pro Tag trinkt. Es sollte ein Termin beim Hausarzt vereinbart werden.

Der Allgemeinzustand von Herrn Justus Kunze, __**43**__ Alzheimererkrankung inzwischen weit fortgeschritten ist, hat sich nochmals verschlechtert. Seine Ehefrau, die ihn nach wie vor hauptsächlich pflegt, berichtete, dass Herr Kunze immer mehr schläft und fast gar nicht mehr aufsteht. Frau Kunze fühlt sich inzwischen emotional mit der Pflege überfordert und hat mich gebeten, in der __**44**__ Woche ein Gespräch über eine Verlegung ihres Mannes in ein Pflegeheim zu führen.

Neu __**45**__ ist in dieser Woche Frau Waltraud Feuerbach, die nach beidseitigem Oberschenkelhalsbruch nicht mobil ist. Frau Feuerbach ist zwar voll orientiert und geistig wach, aber sehr passiv und verschlossen. Sie benötigt morgens einen Transfer vom Bett in den Rollstuhl und bleibt dort oft den ganzen Tag sitzen, __**46**__ sie bereits gelernt hat, wieder aufzustehen und wenige Schritte mit einer Gehhilfe zu bewältigen. Wir sollten für Frau Feuerbach einen Termin mit dem Sozialdienst vereinbaren, __**47**__ sie zu Aktivitäten motiviert und dadurch ggf. mobiler wird.

Bei Herrn Thomas Plaswitz hat sich eine Änderung ergeben: Seine Tochter Julia ist nach einem Jahr im Ausland vorübergehend wieder zu ihm gezogen und übernimmt jetzt die häusliche Pflege, __**48**__ sie hier ist. Hilfebedarf besteht dann nur noch, __**49**__ Julia Plaswitz verreisen möchte. Wir haben Termine vereinbart, um die Einzelheiten zu besprechen und eine reibungslose Übergabe zu gewährleisten.

a ABER	**d** FALLS	**g** OBWOHL	**j** WÄHREND
b DA	**e** HINZUGEKOMMEN	**h** SODASS	
c DESSEN	**f** KOMMENDEN	**i** VERGANGENEN	

Sprachbausteine, Teil 1

Antwortbogen

	a	b	c	d	e	f	g	h	i	j	
42	○	●	○	○	○	○	○	○	○	○	**42**
43	○	○	●	○	○	○	○	○	○	○	**43**
44	○	○	○	○	○	●	○	○	○	○	**44**
45	○	○	○	○	●	○	○	○	○	○	**45**
46	○	○	○	○	○	○	●	○	○	○	**46**
47	○	○	○	○	○	○	○	●	○	○	**47**
48	○	○	○	○	○	○	○	○	○	●	**48**
49	○	○	○	●	○	○	○	○	○	○	**49**

Kommentare

[42 b] *da*

Achten Sie auf den inhaltlichen Zusammenhang: Im Nebensatz erfahren Sie den Grund dafür, dass die Flüssigkeitszufuhr ein Problem ist und der passende Konnektor ist „da".

[43 c] *dessen*

Achten Sie auf den Zusammenhang: Es geht um die Alzheimererkrankung von Herrn Kunze, deshalb ist der Anschluss „dessen" richtig.

[44 f] *kommenden*

Hier kommen als Lösungen „vergangenen" und „kommenden" in Frage – achten Sie deshalb genau auf den Inhalt: Frau Kunze hat um ein Gespräch gebeten, das Gespräch hat aber noch nicht stattgefunden (= ist nicht in der Vergangenheit). Deshalb passt „vergangenen" nicht. Das Gespräch soll erst in der Zukunft, in der kommenden Woche geführt werden.

[45 e] *hinzugekommen*

Neben „hinzugekommen" passt hier auch „aber", allerdings ergibt dies inhaltlich keinen Sinn, da der Satz kein Widerspruch / Gegensatz zum vorangegangenen Satz ist. Außerdem ist „hinzukommen" der übliche Wortschatz im Zusammenhang mit einem Neuzugang.

[46 g] *obwohl*

Achten Sie hier auf den Inhalt in den Satzteilen: Es geht zuerst darum, dass Frau Feuerbach oft sitzt, im zweiten Satzteil ist dann die Rede davon, dass sie das Laufen wieder gelernt hat. Das ist ein Gegengrund, und deshalb ist „obwohl" richtig.

[47 h] *sodass*

Auch in diesem Satz sind die Inhalte in den beiden Satzteilen entscheidend: Es soll für Frau Feuerbach einen Termin mit dem Sozialdienst geben (Hauptsatz) und Frau Feuerbach wird zu mehr Aktivität motiviert (Nebensatz). Im Nebensatz wird hier die Folge bzw. das Ziel des Termins beschrieben und diese wird mit „sodass" eingeleitet.

[48 j] *während*

Sie lesen, dass die Tochter von Herrn Plaswitz im Ausland war und jetzt wieder zurückgekommen ist und bei ihm wohnt – und in dieser Zeit (= zur gleichen Zeit) die Pflege ihres Vaters übernimmt, also „während" sie da ist.

[49 d] *falls*

Die Tochter von Herrn Plaswitz übernimmt jetzt wieder die Pflege. Es gibt eine Ausnahme: Die Tochter von Herrn Plaswitz möchte verreisen. Es gibt also Hilfebedarf, falls sie verreisen möchte. Wichtig: Die Antwort „während" passt hier nicht, denn „während sie verreisen möchte" ergibt keinen Sinn.

Sprachbausteine, Teil 2

Sie lesen einen Text mit zehn Lücken (Aufgabe 50–59). Zu jeder Lücke gibt es drei Möglichkeiten (a, b, c), um die Lücke zu schließen. Der Text ist meist ein Ausschnitt aus einem Bericht.
In dieser Aufgabe wird Ihre Kenntnis des Wortschatzes im Bereich „Pflege" geprüft. Damit ist sowohl Fachwortschatz gemeint als auch Wortschatz aus dem beruflichen Alltag wie passende Verben oder Adjektive. Die Antwortmöglichkeiten können ein einzelnes Wort oder mehrere Wörter sein.

Lösungsstrategie: Schritt für Schritt

So geht's

1. **Schritt:** Lesen Sie den Text bis zur ersten Lücke.
2. **Schritt:** Können Sie die Lücke schließen, ohne die Antwortmöglichkeiten zu lesen? Dann prüfen Sie, ob sich Ihre Lösung unter den Antwortmöglichkeiten befindet, und denken Sie auch an Synonyme.
3. **Schritt:** Falls Sie keine passende Lösung kennen und die Lücke auch mit Hilfe der Antwortmöglichkeiten nicht schließen können, lesen Sie zunächst weiter und versuchen Sie, die nächste Lücke zu schließen.
4. **Schritt:** Gehen Sie bei allen weiteren Lücken genauso vor.
5. **Schritt:** Versuchen Sie zum Schluss die Lücken zu schließen, bei denen Sie noch keine Lösung gefunden haben. Wenn Sie auch jetzt die Antwort nicht kennen, entscheiden Sie sich trotzdem einfach für eine der drei Möglichkeiten und markieren Sie Ihre Lösungen auf dem Antwortbogen.
6. **Schritt:** Falls Sie noch Zeit haben, überprüfen Sie Ihre Lösungen.

Tipp: Wenn Sie diesen Teil als letzten Prüfungsteil bearbeitet haben und noch Zeit ist, überprüfen Sie im Antwortbogen, ob Sie bei allen Aufgaben 24 bis 59 eine Lösung markiert haben.

Hinweis:

Nur die Lösungen auf dem Antwortbogen werden bewertet. Die Lösung muss eindeutig und sauber markiert sein.

Sprachbausteine, Teil 2

Lesen Sie den folgenden Text und entscheiden Sie, welcher Ausdruck (a, b oder c) am besten in die Lücken 50–59 passt.

Markieren Sie Ihre Lösungen für die Aufgaben 50–59 auf dem Antwortbogen.

Kurzbericht

Liebe Kolleginnen und Kollegen,

heute __50__ ich euch über Hans Damaschke, der an einem bekannten Diabetes mellitus sowie Hypertonie __51__. Herr Damaschke ist 83 Jahre alt und lebt seit 8 Jahren bei uns, bis vor einem knappen Jahr zusammen mit seiner Frau Ingrid, die dann leider starb. Bei Herrn Damaschke wurde bereits vor gut 20 Jahren der Diabetes mellitus Typ 2 __52__. Die Behandlung des Diabetes erfolgte dann zunächst durch orale Antidiabetika. Zudem ist bei Herrn Damaschke seit etwa zehn Jahren eine __53__ Hypertonie bekannt, die mit Betablockern behandelt wird.

Vor fünf Jahren wurde die Behandlung des Diabetes auf Insulin __54__. Seitdem spritzt Herr Damaschke vor den Hauptmahlzeiten. Er protokolliert die Blutzuckerwerte täglich nach dem Aufstehen und die __55__ liegen konstant zwischen 80 und 90 mg/dl. Gestern Nachmittag wurde Herrn Damaschke __56__ und er klagte über Abgeschlagenheit. Bei der Kontrolle stellte die diensthabende Pflegekraft einen Blutzucker von 120 mg/dl fest. Die Vitalzeichen waren wie folgt: Der Puls __57__ bei 76 Schlägen/min, der Blutdruck bei 185/110 mmHg. Der hinzugezogene Hausarzt __58__ als Sofortmaßnahme Antihypertonika und ordnete eine Blutuntersuchung an. Wenn die physischen Befunde unauffällig sind, sollte Herr Damaschke zu mehr Bewegung angehalten werden – gut wäre zum Beispiel die Mitarbeit in unserem Garten, da Herr Damaschke Pflanzen sehr mag.

In den letzten Monaten hat Herr Damaschke oft geäußert, dass er seine Frau sehr vermisst, eventuell liegt hier eine psychische __59__ für die Hypertonie. Weitere Gespräche und Unterstützung sowie die Teilnahme an Betreuungsangeboten in der Gruppe wären sicher hilfreich.

Vielen Dank für eure Unterstützung!
Beste Grüße
Anton Wrobel, Seniorenheim am Park

50 **a** berichte **b** erzähle **c** berate

51 **a** krankt **b** lebt **c** leidet

52 **a** diagnostiziert **b** eingeleitet **c** markiert

53 **a** arterielle **b** artifizielle **c** angeborene

54 **a** angestellt **b** umgestellt **c** verstellt

55 **a** Angaben **b** Werte **c** Zahlen

56 **a** schwach **b** sensibel **c** schwindelig

57 **a** hielt **b** lag **c** stand

58 **a** verabreichte **b** vergab **c** verschrieb

59 **a** Folge **b** Ursache **c** Wirkung

Sprachbausteine, Teil 2

Antwortbogen

Nr.	a	b	c
50	●	○	○
51	○	○	●
52	●	○	○
53	●	○	○
54	○	●	○
55	○	●	○
56	○	○	●
57	○	●	○
58	●	○	○
59	○	●	○

Kommentare

[50 a] *berichte*

ⓘ Auch wenn das Wort „erzählen" inhaltlich etwas Ähnliches meint, verwendet man im beruflichen und besonders fachsprachlichen Kontext immer „berichten", wenn Informationen über etwas bzw. eine Person weitergegeben werden.

[51 c] *leidet*

ⓘ Achten Sie beim Lösen auch auf die Präposition, zu diesem Verb gehört: „an". Im Zusammenhang mit „lebt" ergibt dies keinen Sinn, möglich wäre aber die Verwendung mit „krankt" – das bedeutet inhaltlich aber etwas anderes und wird auch im fachsprachlichen Kontext nicht verwendet. Wenn jemand eine Krankheit hat, verwendet man „leiden an".

[52 a] *diagnostiziert*

ⓘ Wenn eine Krankheit durch einen Arzt festgestellt wird, ist der fachsprachliche Begriff, dass er die Krankheit „diagnostiziert".

[53 a] *arteriellen*

ⓘ Hier müssen Sie den Fachbegriff für das umgangssprachliche Wort „Bluthochdruck" (darum geht es inhaltlich) kennen: arterielle Hypertonie. Sie lesen, dass die Hypertonie seit ca. 10 Jahren bekannt ist, „angeboren" kann auch deshalb nicht die Lösung sein.

[54 b] *umgestellt*

ⓘ Wenn man bei der Behandlung einer Krankheit das Medikament bwz. die Behandlungsmethode wechselt, ist der korrekte fachsprachliche Begriff, dass man „auf etwas umstellt".

[55 b] *Werte*

ⓘ Wenn man Zahlen zusammen mit einer Einheit verwendet (wie hier beim Blutdruck), verwendet man den Begriff „Werte".

[56 c] *schwindelig*

ⓘ Hier passt sowohl inhaltlich als auch von der Konstruktion her (achten Sie auf den Dativ) nur „schwindelig".

[57 b] *lag*

ⓘ Lesen Sie hier den Satz auch nach der Lücke weiter. Dort steht die Präposition „bei" vor dem Wert, das kann Ihnen bei der Lösung helfen, denn bei der Nennung von Zahlenwerten ist „liegen bei" die korrekte feststehende Wendung.

[58 a] *verabreichte*

ⓘ Neben „verabreichen" im Zusammenhang mit Medikamenten kommt auch „verschreiben" in Frage. Aber Achtung: Hier wird eine Situation beschrieben, in der der Arzt eine „Sofortmaßnahme" ergreift, um den zu hohen Blutdruck zu senken. Daher kann „verschreiben" nicht richtig sein.

[59 b] *Ursache*

ⓘ Achten Sie hier auf den inhaltlichen Zusammenhang: dass Herr Damaschke seine Frau vermisst, führt möglicherweise zu hohem Blutdruck. Das heißt, der Grund für den hohen Blutdruck ist möglicherweise, dass er seine Frau vermisst – ein anderes Wort für „Grund" ist „Ursache".

Schreiben

In diesem Prüfungsteil wählen Sie eine von zwei Aufgaben aus und schreiben einen Aufnahmebericht oder einen Biographiebericht. Dazu erhalten Sie in Aufgabe A einen Anamnesebogen mit Informationen und in Aufgabe B einen Biographiefragebogen mit Informationen. Sie müssen die Informationen aus dem Bogen aufgreifen und einen zusammenhängenden Bericht schreiben.

30 Minuten

Hinweis:

Sie können sich Notizen machen, um Ihre Ideen zu ordnen und z. B. eine Gliederung in Stichpunkten notieren. Aber achten Sie auf die Zeit! Überlegen Sie nicht zu lange, denn Sie müssen Ihren Bericht auf den linierten Antwortbogen schreiben – nur was dort steht, wird bewertet. Denken Sie daran, alle Angaben aus dem Bogen in Ihrem Bericht aufzugreifen. Wenn Sie nicht zu allen Angaben bzw. Informationen etwas schreiben, können Sie nicht die volle Punktzahl erreichen.

Lösungsstrategie: Schritt für Schritt

So geht's

1. **Schritt:** Überfliegen Sie die Aufgaben und entscheiden Sie sich schnell für Aufgabe A oder Aufgabe B. Wenn Sie schon wissen, dass Sie lieber einen Aufnahmebericht (= Aufgabe A) oder einen Biographiebericht (= Aufgabe B) schreiben, entscheiden Sie sich sofort für die entsprechende Aufgabe.

2. **Schritt:** Lesen Sie die Angaben im Bogen genauer und überlegen Sie, welche Informationen zusammengehören und in welcher Reihenfolge Sie alle Informationen in Ihrem Bericht aufnehmen. Sie können die Informationen im Anamnesebogen / Biographiefragebogen durchstreichen, wenn Sie sie in Ihrem Bericht aufgenommen haben. So behalten Sie besser den Überblick.

3. **Schritt:** Schreiben Sie Ihren Bericht.

Tipp: Beginnen Sie mit den Informationen zum Patienten (Name, Geburtsdatum, Familienstand, ...) und Informationen zur Pflegeeinrichtung, wenn es dazu Angaben gibt. Als nächstes können Sie die Erkrankung / gesundheitlichen Einschränkung des Patienten / Bewohners aufgreifen. Danach lesen Sie auf den Bögen unterschiedliche AEDLs mit verschiedenen, handschriftlich eingetragenen Informationen. Sie können alle AEDLs nacheinander in Ihrem Bericht aufnehmen oder auch eine andere, ggf. sinnvollere Reihenfolge wählen. Zum Beispiel könnten Sie Informationen zu einem früheren Beruf oder Hobbys des Patienten / Bewohners auch schon zu Beginn aufgreifen, wenn Sie den Patienten / Bewohner vorstellen. Wenn Sie zwischen unterschiedlichen AEDLs wechseln, sollten Sie passende Übergänge schreiben, z. B. „Herr X wechselt die Wäsche täglich und braucht dabei keine Unterstützung. Weiterhin liegen uns nur Informationen zum Bereich „Sich beschäftigen" vor. Herr X schreibt gerne Gedichte und trägt sie auch gerne vor." Der Wortschatz sollte zutreffend sein und für eine Bewertung mit B2 auch abwechslungsreich. Denken Sie auch an fachsprachlichen Wortschatz. Die Strukturen (Nebensätze, Verknüpfungen) sollten sowohl passend als auch abwechslungsreich sein, damit Ihr Bericht mindestens mit einem guten B1 bewertet werden kann.

4. **Schritt:** Wenn Sie noch Zeit haben, lesen Sie Ihren Bericht durch und korrigieren Sie ggf. Fehler.

Tipp: Sie können Informationen zusammenfassen, z.B.: „Auf dem Bogen ist bei „Orientierung" bei allen vier Aspekten „ja" angekreuzt." Dann können Sie schreiben: „Der Patient ist in jeder Hinsicht voll orientiert." Sie können selbst weitere Informationen ergänzen, wenn Sie möchten. Achten Sie aber unbedingt darauf, dass diese neuen Informationen zum Bericht bzw. zum Patienten/Bewohner passen.

Schreiben

Wählen Sie Aufgabe A **oder** *Aufgabe B.*

Aufgabe A

Schreiben Sie einen ausführlichen **Aufnahmebericht** *als zusammenhängenden Text.*
Die Daten im Anamnesebogen helfen Ihnen dabei.
Benutzen Sie **alle** *gegebenen Informationen aus dem Anamnesebogen. Ergänzen Sie bei Bedarf weitere Details.*
Schreiben Sie ca. 120–170 Wörter.
Schreiben Sie Ihren Text auf den Antwortbogen.

Krankenhaus **N**eustadt-**M**itte		
Name: Tarek Özlem	Geburtsdatum: 09.05.1935	
Gewohnheiten Wünsche Ressourcen	**Hilfebedarf**	Hilfe-form
1. Kommunizieren Benötigen Sie eine Brille? ☒ja ☐nein Benötigen Sie ein Hörgerät? ☐ja ☒nein Können Sie sich mitteilen und Ihre Wünsche äußern? ☒ja ☐nein Orientierung: ist zeitlich ☐ja ☒nein örtlich *nur innerhalb der eigenen Wohnung orientiert* ☐ja ☒nein situativ ☒ja ☐nein zur Person orientiert. ☒ja ☐nein	ist ☐ schwerhörig ☐ taub ☐ stumm ☐ blind ☐ kann Hörgerät nicht handhaben ☐ hat Sprachstörungen ☐ hat Sichtfeldeinschränkungen	

7. Sich kleiden		
Welche Kleidung tragen Sie gerne? **am Tag:** *Stoffhosen, leichte Pullover oder langärmlige Shirts* **in der Nacht:** *langärmeliger Schlafanzug* **Gewohnter Wäschewechsel:** *Unterwäsche täglich, Hosen und Pullover jeden zweiten Tag (wichtig: muss an Wechsel erinnert und ggf. unterstützt werden)*	☐ braucht Hilfe bei Kleiderauswahl ☐ zieht sich wegen Desorientiertheit öfter aus ☐ fehlende Einsicht für angemessene Kleidung ☒ fehlende Einsicht für notwendigen Wäschewechsel ☐ kann Verschlüsse nicht handhaben ☐ kann Kleidung nicht über Kopf ausziehen ☐ kann Kleidung nicht über die Füße anziehen	*B / TÜ*
8. Ruhen und Schlafen Halten Sie einen Mittagsschlaf? ☐ ja Nehmen Sie Medikamente zum Schlafen? ☐ ja Weitere Gewohnheiten (Belüftung, Beleuchtung):	hat ☒ Einschlafstörungen ☐ Durchschlafstörungen hat ☐ psychische ☐ krankheits-bedingte Schlafstörungen ☒ hat gestörten Tag-/Nacht-Rhythmus	
9. Sich beschäftigen In welchem Beruf haben Sie gearbeitet? *Lagerist* Womit haben Sie sich gerne beschäftigt? Wie sah Ihr Tagesablauf aus? Wünschen Sie Hilfe bei der Gestaltung des Tagesablaufs?		
B = Beaufsichtigung A= Anleitung Tü = Teilübernahme vÜ = vollständige Übernahme		

Schreiben

Aufgabe B

Schreiben Sie einen ausführlichen **Biographiebericht** *als zusammenhängenden Text. Die Daten im Biographiefragebogen helfen Ihnen dabei.*
Benutzen Sie **alle** *gegebenen Informationen aus dem Biographiefragebogen. Ergänzen Sie bei Bedarf weitere Details.*
Schreiben Sie ca. 120–170 Wörter.
Schreiben Sie Ihren Text auf den Antwortbogen.

Name	Hans-Peter Schütz	Geburtsdatum	12.01.1937
Für die Erstellung verantwortliche Pflegeperson	...	Datum	...

Persönliche Daten	Keine Geschwister, seit 2008 geschieden — Anzahl der Kinder 3 ☐ keine Kinder
☒ ist/war verheiratet oder in Partnerschaft lebend	☐ lebte überwiegend allein

Sonn- und Feiertage
meist Besuch von Kindern und Enkeln
Was hat er/sie gern gemacht?
Krimis lesen, Ausflüge mit Ehefrau
Womit beschäftigt er/sie sich gern?
Fotos von Enkeln

Haustier
Außerfamiliäre Kontakte (Freunde, Nachbarn, Kollegen, ...)
Ehemaliger Nachbar (selten zu Besuch), Nichte seiner Ehefrau (schreibt Briefe)
Worüber wird gern erzählt?
Enkel, Erlebnisse mit Ehefrau (seit Apoplex 2012 Kommunikationsfähigkeit beeinträchtigt)
Lebensplanung, Hoffnungen, Wünsche, ...
Vermisst Ehefrau, möchte Enkel öfter sehen
Reagiert er/sie auf Schlüsselworte/ Themen?
Enkel, Marion (Ehefrau)

Schreiben

Schreiben

Schreiben, Aufgabe A

Lösungs- und Bewertungsbeispiel Aufgabe A (Bewertung B1)

Tarek Özlem wurde am 9.5.1935 geboren. Herr Özlem benötigt eine Brille, aber keine Hörgerät. Die Brille kann er alleine handhaben. Er kann sich mitteilen und seine Wünsche äußern, manchmal spricht er etwas langsam und wir mussen ihm Zeit geben. Herr Özlem ist zeitlich nicht orientiert und örtlich nur innerhalb der eigenen Wohnung orientiert. Hier im Krankenhaus ist er örtlich nicht orientiert und wir müssen auf Herrn Özlem nachsehen. Situativ und zu Person ist Herr Özlem aber orientiert.
Herr Özlem trägt gerne Stoffhosen und leichte Pullover oder langärmlige Shirts, nachts trägt er einen langärmligen Schlafanzug. Er wechselt die Unterwäsche täglich, Hosen und Pullover jeden zweiten Tag. Er hat aber fehlender Einsicht für notwendigen Wäschewechsel.
Herr Özlem hat Einschlafstörungen und einen gestörten Tag-/Nacht-Rhythmus. Er wacht meist nachts alle zwei bis drei Stunden auf und schläft auch tagsüber manchmal zwei oder drei Stunde.
(123 Wörter)

! **Hinweis:**
Die Anzahl der Wörter steht hier nur für Sie zur Orientierung, in der Prüfung müssen Sie die Wörter nicht zählen.

Exemplarische Bewertung

Inhaltliche Angemessenheit

Kriterium I (Aufgabenbewältigung)

Drei Informationen wurden nicht aufgegriffen: „muss an Wäschewechsel erinnert werden"; „Beaufsichtigung/TÜ (bei Wäschewechsel)", „Beruf: Lagerist". Die anderen Informationen sind verständlich wiedergegeben. Das wird mit B1 gut erfüllt (= 3 Punkte) bewertet.

! **Hinweis:**
Denken Sie daran: Wenn Sie nur zwei Informationen aus dem Bogen nicht aufgreifen, können Sie in Kriterium I (Aufgabenbewältigung) schon kein *B2* mehr erreichen. Wenn Sie mehr als die Hälfte der Informationen nicht aufgreifen, wird dieser Prüfungsteil insgesamt mit 0 Punkten bewertet.

Sprachliche Angemessenheit

Kriterium II (Kommunikative Gestaltung)

Viele Sätze beginnen mit „er" und der Text besteht fast nur aus (einfachen) Hauptsätzen. Gemäß den Bewertungskriterien wird hier *B1 erfüllt* (= 2 Punkte) gegeben.

Kriterium III (Korrektheit)

Der Text enthält nur wenige Fehler und es ist klar, was der Teilnehmer ausdrücken möchte. Zeichensetzung und Gestaltung sind so, dass man alles gut verstehen kann. Die Strukturen sind aber einfach und teils aus der Aufgabe übernommen. Deshalb wird nicht höher als B1 gut erfüllt (= 3 Punkte) bewertet.

Kriterium IV (Wortschatz)

Der Wortschatz ist überwiegend einfach und aus der Aufgabe übernommen – und ist deshalb auch weitgehend korrekt und für die Situation angemessen. Ein Wortschatz-Fehler ist „nachsehen" statt „aufpassen", hier könnte außerdem der Fachbegriff „weglaufgefährdet" verwendet werden. Da fast kein eigener Wortschatz verwendet wird, kann nicht höher als B1 erfüllt (= 2 Punkte) bewertet werden.

Insgesamt wird die Schreibleistung mit 10 Punkten bewertet, das entspricht der Niveaustufe B1.

Schreiben, Aufgabe A

Lösungs- und Bewertungsbeispiel Aufgabe A (Bewertung B2)

Herr Tarek Özlem wurde heute mit dem Verdacht auf eine Pneumonie bei uns aufgenommen. Der Patient wurde am 9.5.1935 geboren und vor ca. 7 Jahren mit Alzheimer diagnostiziert.
Herr Özlem benötigt eine Brille, die er zwar selbst handhaben kann, wir müssen jedoch daran ihn erinnern, sie aufzusetzen. Ein Hörgerät benötigt Herr Özlem nicht. Er kann seine Wünsche äußern und sich mitteilen, auch wenn er nicht immer auf alle Fragen sofort antwortet und etwas Zeit für die Antwort braucht. Herr Özlem ist zeitlich nicht orientiert und örtlich nur innerhalb seiner eigenen Wohnung, wo er von seiner Ehefrau mit Unterstützung eines ambulanten Pflegedienstes betreut wird. Während er sich in seiner Wohnung gut zurechtfindet, ist er außerhalb der Wohnung (und das ist auch hier bei uns) gar nicht örtlich orientiert. Herr Özlem sagt auch wiederholt, dass er wider nach Hause möchte. Situativ und zur Person ist Herr Özlem aber orientiert.
Herr Özlem trägt gerne Stoffhosen und leichte Pullover oder langärmlige Shirts. Seine Frau hat passende Kleidung ins Krankenhaus gebracht. Üblicherweise wechselt Herr Özlem die Unterwäsche täglich, Hosen und Pullover bzw. Shirts jeden zweiten Tag. Leider fehlt Herrn Özlem aber die Einsicht für einen notwendigen Wäschewechsel, hier müssen wir ihn beaufsichtigen bzw. teilweise unterstützen und an einen Wechsel erinnern sowie die Notwendigkeit erklären.
Herr Özlem leidet an massiven Einschlafstörungen und greift regelmäßig auf pflanzliche Mittel zurück, die aber auch nicht immer das gewünschten Effekt haben. Der Tag-/Nacht-Rhythmus von Herrn Özlem ist gestört und er schläft mit unter tagsüber für zwei oder drei Stunden.
Herr Özlem hat früher als Lagerist gearbeitet und auch noch Kontakt zu einigen seiner früheren Kollegen, die er auch alle noch kennt. Die Kollegen würden ihn auch gerne besuchen kommen, hat uns seine Ehefrau gesagt.
(285 Wörter)

Exemplarische Bewertung

Inhaltliche Angemessenheit

Kriterium I (Aufgabenbewältigung)

Alle Informationen aus dem Bogen wurden aufgegriffen und in dem Bericht klar und verständlich umgesetzt. Die Bewertung ist *B2 gut erfüllt* (= 5 Punkte).

Sprachliche Angemessenheit

Kriterium II (Kommunikative Gestaltung)

Der Bericht ist gut aufgebaut und die Satzstrukturen sind überwiegend komplex (Hauptsätze und Nebensätze, verbundene Hauptsätze). Es gibt Verknüpfungen und Verweise (*zwar ... aber, auch wenn, auch*) zwischen Satzteilen und Sätzen, dadurch ist der Bericht sehr gut lesbar. Die Bewertung *B2 gut erfüllt* (= 5 Punkte) ist angemessen.

Kriterium III (Korrektheit)

Der Bericht enthält trotz der komplexen Strukturen kaum Fehler (Syntaxfehler „wir müssen jedoch daran ihn" statt „wir müssen ihn jedoch daran", Rechtschreibfehler „wider" statt „wieder", „das Effekt" statt „den Effekt", Rechtschreibfehler „mit unter" statt „mitunter"). Zudem beeinträchtigen die Fehler das Verständnis gar nicht, sodass *B2 gut erfüllt* (= 5 Punkte) gegeben wird.

Kriterium IV (Wortschatz)

Der Wortschatz ist abwechslungsreich und zutreffend. Die Verwechslung „wider" mit „wieder" könnte sowohl Rechtschreib- als auch Wortschatzfehler sein und beeinträchtigt das Verständnis nicht. Die Ungenauigkeit im vorletzten Satz („kennt" statt „erkennt" – wahrscheinlich ist Letzteres gemeint) fällt ebenfalls nicht ins Gewicht und es wird auch hier *B2 gut erfüllt* (= 5 Punkte) gegeben.

Insgesamt wird die Schreibleistung mit 20 Punkten bewertet, das entspricht der Niveaustufe B2.

Schreiben, Aufgabe B

Lösungs- und Bewertungsbeispiel Aufgabe B (Bewertung B1)

Hans-Peter Schütz ist am 12.01.1937 geboren. Er hat keine Geschwister. Er war verheiratet, aber seit 2008 geschieden. Herr Schütz hat 3 Kinder.
An Sonn- und Feiertagen bekommt er meist Besuch von Kindern und Enkeln.
Herr Schütz hat gerne Krimis gelesen und Ausflüge mit Ehefrau gemacht, am liebsten in Tierpark.
Jetzt beschäftigt Herr Schütz sich gern mit Fotos von die Enkeln. Er hat ein Fotoalbum, dass er immer auf den Tisch hat und sieht er Fotos jeden Tag an.
Herr Schütz hat keinen Freunde, aber ein ehemaliger Nachbar kommt selten zu Besuch und die Nichte seiner Ehefrau schreibt Briefe. Herr Schütz erzählt gern über seine Enkel (3, 6 und 7 Jahre) und die Erlebnisse mit seine Ehefrau. Besonders gern erzählt er über die Ausflügen und die Hochzeitsreise nach Venedig.
Er vermisst seine Ehefrau stark und er möchte gern die Enkel mehr sehen.
Herr Schütz reagiert auf die Namen von den Enkel und spricht dann gerne mit den Pflegekräften über Enkel.
Er reagiert auch auf Marion.
(166 Wörter)

Exemplarische Bewertung

Inhaltliche Angemessenheit

Kriterium I (Aufgabenbewältigung)

Es fehlt die Information, dass seit einem Schlaganfall 2012 die Kommunikationsfähigkeit von Herrn Schütz eingeschränkt ist. Die Information dazu, dass Herr Schütz auf den Namen seiner Frau (Marion) reagiert, ist hier missverständlich widergegeben („Er reagiert auch auf Marion." -> Reagiert er auf den Namen? Reagiert er darauf, wenn Marion mit ihm spricht?) Deshalb kann auch dieser Inhaltspunkt nicht gegeben werden. Insgesamt fehlen 2 Informationen, sodass die Bewertung B1 gut erfüllt (= 3 Punkte) gegeben wird.

Sprachliche Angemessenheit

Kriterium II (Kommunikative Gestaltung)

Der Bericht ist eher einfach und enthält fast nur Hauptsätze, allerdings werden einige Sätze durch Verweise wie „aber", „dann" miteinander verbunden, außerdem ist der Aufbau insgesamt sinnvoll. Für B2 sind die Strukturen jedoch zu einfach, sodass hier B1 gut erfüllt (= 3 Punkte) gegeben wird.

Kriterium III (Korrektheit)

Der Text enthält einige Fehler, auch in den einfachen Strukturen („ist" fehlt im dritten Satz, Artikel fehlen, Kasus-/Genusfehler, ein Syntaxfehler, „dass" statt „das" u.a.), aber es kommt zu keinen Missverständnissen aufgrund der Fehler. Deshalb ist die Bewertung B1 erfüllt (= 2 Punkte) angemessen.

Kriterium IV (Wortschatz)

Der Bericht enthält überwiegend einfachen und aus der Aufgabe übernommenen Wortschatz. Bei der Verwendung von weiterem Wortschatz treten Fehler auf („erzählt gern über seine Enkel" statt „von seinen Enkeln", „stark" statt „sehr", „mehr sehen" statt „öfter sehen"), die aber das Verständnis nicht beeinträchtigen. Deshalb wird B1 erfüllt (= 2 Punkte) gegeben.

Insgesamt wird die Schreibleistung mit 10 Punkten bewertet, das entspricht der Niveaustufe B1.

Schreiben, Aufgabe B

Lösungs- und Bewertungsbeispiel Aufgabe B (Bewertung B2)

Unser neuer Bewohner heißt Hans-Peter Schütz und wurde am 12.01.1937 geboren. Er hat keine Geschwister, aber Herr Schütz war verheiratet. 2008 haben er und seine Frau Marion sich jedoch scheiden lassen, weil Frau Schütz einen neuen Partner kennengelernt hat.
Herr Schütz hat drei Kinder, Ulrich, Jan und Susanne. Alle Kinder sind erwachsen und haben eigene Familien.
Herr Schütz hat fünf Enkelkinder. Die Kinder und Enkelkinder von Herrn Schütz kommen an Sonntage oft zu Besuch, meist zum Kaffee.
Herr Schütz hat früher gern Ausflüge mit seiner Frau gemacht, er liebt die Natur und sie sind oft an einen See gefahren oder haben eine Schifffahrt gemacht, manchmal auch eine Städtetour. Außerdem hat Herr Schütz früher gern Krimis gelesen, aber leider hat er die Freude daran verloren, seit er geschieden ist.
Heute schaut er sich gern Fotos von seinen Enkelkindern an. Da Herr Schütz an Technik interessiert ist, macht er auch gern selbst Fotos mit einer Digitalkamera und macht online Fotoalben für jedes Enkelkind.
Neben seinen Kindern und Enkeln hat Herr Schütz wenige Kontakte, nur manchmal kommt ein ehemaliger Nachbar zu Besuch, mit dem er Schach oder Dame spielt. Die Nichte seiner Ehefrau schreibt Herrn Schütz manchmal Briefe, über die er sich immer sehr freut.
Herr Schütz spricht gern über seine Enkel und die Erlebnisse mit seiner Ehefrau Marion, allerdings hat er seit einem Schlaganfall 2012 noch etwas Schwierigkeiten zu sprechen, in stressigen Situationen braucht er Zeit und manchmal hat Wortfindungsstörungen.
Herr Schütz vermisst seine Ehefrau sehr und wird traurig, wenn er ihren Namen (Marion) hört oder an sie denkt. Gerne würde er seine Enkel öfter sehen, aber leider haben seine Kinder wegen ihrer Arbeit nur sonntags und manchmal am Samstag Zeit. Herr Schütz reagiert auch auf die Namen seiner Enkel und allgemein das Thema „Enkelkinder", hierüber kann man mit ihm immer sprechen und er ist auch meist gut gelaunt bei diesem Thema, obwohl er die Enkelkinder gerne öfter sehen würde.
(310 Wörter)

Exemplarische Bewertung

Inhaltliche Angemessenheit

Kriterium I (Aufgabenbewältigung)

Alle Informationen aus dem Bogen werden aufgegriffen und verständlich sowie der Situation angemessen umgesetzt. Deshalb wird hier *B2 gut erfüllt* (= 5 Punkte) gegeben.

Sprachliche Angemessenheit

Kriterium II (Kommunikative Gestaltung)

Der Bericht ist sehr ausführlich, gut aufgebaut und die Strukturen sind überwiegend komplex. Zu Beginn werden einige einfache Hauptsätze verwendet, was jedoch durch die komplexeren Strukturen im Anschluss ausgeglichen wird. Deshalb wird auch hier *B2 gut erfüllt* (= 5 Punkte) gegeben.

Kriterium III (Korrektheit)

Der Bericht enthält fast keine Fehler („an Sonntage" statt „an Sonntagen" sowie „manchmal hat Wortfindungsstörungen" statt „hat manchmal Wortfindungsstörungen") und es wird *B2 gut erfüllt* (= 5 Punkte) gegeben.

Kriterium IV (Wortschatz)

Der Wortschatz ist abwechslungsreich und zutreffend, ein Wortschatzfehler („macht online Fotoalben", richtig wäre „erstellt" o.Ä.) führt dabei nicht zu Punktabzug und es wird B2 gut erfüllt (= 5 Punkte) gegeben.

Insgesamt wird die Schreibleistung mit 20 Punkten bewertet, das entspricht der Niveaustufe B2.

Sprechen, Teil 1

Dieser Prüfungsteil besteht aus den Teilen 1A und 1B. Sie erhalten für Teil 1A in der Prüfung ein Aufgabenblatt mit einem Foto. Sie sollen spontan über das Foto sprechen, was Sie darauf sehen und welche Situation bzw. welches Thema dargestellt ist. Im Anschluss daran stellt Ihnen die Prüferin/der Prüfer in Teil 1B Fragen zu diesem Thema bzw. vor allem zu Ihren eigenen Erfahrungen und Ihrer Meinung.

ca. 3 Minuten pro Teilnehmerin/Teilnehmer

Hinweis:

Auf diesen Prüfungsteil können Sie sich nicht vorbereiten, Sie erhalten das Blatt mit dem Foto erst in der Prüfung. Sie und Ihre Partnerin/Ihr Partner bekommen unterschiedliche Fotos, diese zeigen aber ein ähnliches Thema.

Lösungsstrategie: Schritt für Schritt

So geht's

Teil 1A

1. **Schritt:** Schauen Sie sich das Foto an und überlegen Sie kurz, was alles auf dem Bild zu sehen ist und welche Situation gezeigt wird. Fangen Sie dann gleich mit der Beschreibung an.

2. **Schritt:** Beschreiben Sie, was Sie auf dem Foto sehen: Wie viele Personen? Wer ist das? (Pflegekraft? Patient/in? Bewohner/in? Klient/in? Angehörige/r? ...) Was macht die Person/machen die Personen? Nennen Sie auch Details: Was sehen Sie im Hintergrund? Welche Gegenstände, Geräte, Hilfsmittel, Raumausstattung?

3. **Schritt:** Sagen Sie dann, welche Situation Ihrer Meinung nach gezeigt wird: Wo ist diese Situation (Seniorenheim, häusliche Pflege, Krankenhaus, welche Station)? Welches Thema innerhalb der Pflege wird dargestellt?

Tipp: Wenn Sie nicht sicher sind, welches Thema gezeigt wird, können Sie eine Vermutung formulieren: „Ich denke, das Thema ist ...". „Meiner Meinung nach könnte das Thema ... sein."

Teil 1B

4. **Schritt:** Der Prüfer bzw. die Prüferin stellt Ihnen Fragen.

5. **Schritt:** Antworten Sie ausführlich, berichten Sie von Ihren eigenen Erfahrungen oder sagen Sie Ihre Meinung.

Tipp: Wenn Sie eine Frage nicht verstanden haben, fragen Sie nach, z. B. so: „Entschuldigung, das habe ich nicht richtig verstanden. Könnten Sie die Frage wiederholen?" Oder falls Sie ein bestimmtes Wort nicht verstanden haben: „Entschuldigung, aber was bedeutet ...?"

Tipp: Antworten Sie möglichst ausführlich, ohne sich zu wiederholen. Zeigen Sie den Prüfern, was sie sprachlich können. Wenn Sie nur wenig sagen, ist es schwer für die Prüfer, Sie zu bewerten. Achten Sie auch darauf, fachsprachlichen Wortschatz angemessen zu verwenden.

Hinweis:

Auf den folgenden Aufgabenblättern sind die Fragen der Prüferin/des Prüfers abgedruckt, damit Sie mögliche Fragen üben können. Auf den Aufgabenblättern in der echten Prüfung sind diese Prüferfragen nicht zu sehen. In der Prüfung müssen Sie spontan auf die Anschlussfragen antworten.

Sprechen, Teil 1

Teilnehmerin bzw. Teilnehmer A

Teil 1
Über Erfahrungen und Meinungen sprechen

Prüfer

Das sagt die Prüferin bzw. der Prüfer:

Teil 1A
Was sehen Sie auf dem Bild?
Welche Situation zeigt es?

Teil 1B
*Das Thema ist **„Altenpflege im eigenen Haus“**. Bitte berichten Sie darüber, welche Erfahrungen Sie zu dem Thema gemacht haben.*

Prüferfragen B1

- Was sind die Vorteile, wenn man jemanden zu Hause pflegt?
- Was sind die Nachteile?
- Welche Probleme können in der häuslichen Pflege entstehen?
- Ist mobile Pflege in Ihrem Heimatland üblich?
- Haben Sie Erfahrungen in der häuslichen Pflege? Welche?

Prüferfragen B2

- Welche Unterschiede gibt es zu Seniorenheimen?
- Gibt es Situationen, in denen Menschen besser in Seniorenheimen gepflegt werden sollten statt zu Hause?
- Wie ist in Ihrem Heimatland die Arbeitsteilung zwischen Angehörigen und Pflegepersonal?
- Wie kann häusliche Pflege angenehm für alle Beteiligten gestaltet werden?
- Können Sie sich vorstellen in der häuslichen Pflege zu arbeiten? Warum? Warum nicht?

Sprechen, Teil 1

Teilnehmerin bzw. Teilnehmer B

Teil 1
Über Erfahrungen und Meinungen sprechen

Prüfer

Das sagt die Prüferin bzw. der Prüfer:

Teil 1A
Was sehen Sie auf dem Bild?
Welche Situation zeigt es?

Teil 1B
Das Thema ist ***„Altenpflege im Seniorenheim“****. Bitte berichten Sie, welche Erfahrungen Sie zu dem Thema gemacht haben.*

Prüferfragen B1

- Welche Vorteile haben Sie als Pflegepersonal, wenn Sie im Seniorenheim arbeiten?
- Welche Nachteile gibt es?
- Welche Probleme können Bewohner im Seniorenheim haben?
- Sind Seniorenheime in Ihrem Heimatland üblich?
- Haben Sie Erfahrungen in der Altenpflege? Welche?

Prüferfragen B2

- Welche Unterschiede gibt es zum häuslichen Pflegedienst?
- Gibt es Situationen, in denen Menschen besser zu Hause gepflegt werden sollten statt in einem Seniorenheim?
- Wie können auftretende Probleme für alle positiv gelöst werden?
- Wie könnte Altenpflege in Wohnheimen angenehm für alle Beteiligten gestaltet werden?
- Können Sie sich vorstellen in einem Seniorenheim zu arbeiten? Warum? Warum nicht?

Sprechen, Teil 1

5 Ein Beispiel für eine mündliche Prüfung zu diesen Aufgabenblättern können Sie in Audio 5 hören.
In der folgenden Transkription können Sie lesen, was die beiden Prüfungsteilnehmerinnen gesagt und welche Fehler sie dabei gemacht haben.
Eine Bewertung dieses Prüfungsteils finden Sie auf den Seiten 68 und 69.

Sprechen Teil 1A und 1B: Über Erfahrungen und Meinungen sprechen, Anschlussfragen

Prüfer: Herzlich willkommen zur Mündlichen Prüfung telc Deutsch B1 B2 Pflege. Mein Name ist Sandro Baumann und das ist meine Kollegin Frau Hansen. Die Prüfung besteht aus drei Teilen und Sie haben sich ja auch schon auf die Teile 2 und 3 vorbereitet. Wir beginnen nun mit dem ersten Teil. Frau Belić, schauen Sie sich das Bild an. Was sehen Sie auf diesem Bild und welche Situation zeigt es?

Frau Belić: Auf dem Bild sehe ich eine alte Frau und eine junge Frau. Die junge Frau ist eine Krankenschwester oder eine Pflegerin. Sie hilft die alten Frau die Treppe zu gehen. Ich glaube, dass ist zu Hause, nicht in einem Wohnheim. Man sieht eine kleine Treppe und eine Haustür.

Prüfer: Nun, Frau Belić, wir sprechen also über das Thema „Altenpflege im eigenen Haus". Was sind die Vorteile, wenn man jemanden zu Hause pflegt?

Frau Belić: Meinen Sie die Vorteile für die alten Menschen oder für uns?

Prüfer: Beides. Gibt es Vorteile für die Pfleger und für die Klienten? Und gibt es vielleicht auch Nachteile?

Frau Belić: Vorteile für die Klienten ist, dass sie zu Hause sind. Sie haben ihre einige Sachen, also Möbel. Im Wohnheim ist nicht so persönlich. Nachteile … hm.. ich weiß nicht … vielleicht, dass sie viele Zeit alleine sind. Hier in Deutschland sehe ich das oft. Viele alte Menschen leben alleine. Das ist ein Problem. Und äh … ja … ich … hm… vielleicht verstehe die Klienten nicht gut, wenn sie etwas sagen. Oder wenn ich Hilfe brauche … zum Beispiel wachen und anziehen. Ich habe keine Kollegen und können mir nicht helfen. In mein Heimatland wohnen die Großeltern immer in die Familie, nicht wie in Deutschland. In der Stadt gibt es Krankenschwester, sie nach Hause kommen und der Familie helfen. Aber vielleicht einmal in die Woche … nicht so wie hier. Ich wohne in eine kleinen Dorf, da gibt es das nicht. Ich habe erst hier das kennengelernt. Ich habe ein Praktikum bei der Caritas gemacht und bin mit einer Kollegin mitgefahren. Vielleicht kann ich als Pflegerin da anfangen. Ich muss aber zuerst B2 haben.

Prüfer: Sie sagten, in Ihrem Heimatland werden die Menschen zu Hause gepflegt. Was denken Sie, gibt es vielleicht Situationen, in denen Menschen besser in Heimen gepflegt werden sollten?

Frau Belić: Ich weiß nicht. Ich denke zu Hause bei Familie ist immer besser als in Heim. Nur in Krankenhaus, wenn zum Beispiel eine Operation ist.

Prüfer: Vielen Dank. Dann kommen wir jetzt zu Ihnen, Frau Tanyuk. Schauen Sie sich das Bild an. Was sehen Sie auf diesem Bild und welche Situation zeigt es?

Frau Tanyuk: Auf dem Bild sehe ich mehrere Senioren und eine Pflegerin. Rechts steht ein junger Mann, vielleicht 30 Jahre alt. Er ist wahrscheinlich auch ein Pfleger, weil er einen blauen Kittel trägt. Die alte Frau neben der Pflegerin und die Frau hier vorne sitzen im Rollstuhl. Die Senioren sitzen an ein Tisch. Auf dem Tisch gibt es Tassen und Teller und Gläser. Ich glaube, sie essen zusammen. Sie wohnen vielleicht zusammen in einem Wohnheim. Der Raum ist groß und … vielleicht ist das der gemeinsame Raum im Seniorenheim. An die Wand hängt ein Bild, eine Uhr und … ich glaube … ein Kreuz. Vielleicht ist das von der Caritas?

Prüfer: Danke, Frau Tanyuk. Sie haben schon erwähnt, dass es sich hier um ein Seniorenheim handeln könnte. Sprechen wir also über das Thema „Pflege im Seniorenheim". Welche Vorteile haben Sie als Pflegepersonal, wenn Sie im Seniorenheim arbeiten und gibt es Unterschiede zum häuslichen Pflegedienst?

Frau Tanyuk: Natürlich gibt es Unterschiede. Wenn man im Seniorenheim arbeitet, hat man nicht nur die Kollegen, sondern auch die Pflegedienstleitung, die man immer fragen kann, wenn man Probleme hat. Zu Hause bei den Menschen trägt man Verantwortung alleine. Ja, … man kann anrufen, aber das ist anders. Im Seniorenheim ist man auch immer da und hat ein bisschen mehr Zeit für die Menschen. In der mobiler Pflege fährt man von Haus zu Haus. Das ist Stress. Du kommst an und hast 10 Minuten Zeit und dann musst du schon wieder fahren. Ich kann mir das nicht vorstellen. Du bist ganz alleine und hast kaum Kontakt zu deinen Kollegen.

Prüfer: Sie sagen, dass man im Seniorenheim bei Problemen Kollegen fragen kann. Welche Probleme können Bewohner im Seniorenheim haben und wie könnten auftretende Probleme für alle positiv gelöst werden?

Frau Tanyuk: Nun, ein Problem kann sein, dass Bewohner anfangs nicht gerne im Seniorenheim wohnen wollen. Sie vermissen vielleicht ihr Zuhause oder ihre Familie. Sie müssen sich noch an die Pfleger gewöhnen. Man kann mit ihnen sprechen, sich um sie kümmern, mit ihnen Spiele im Frühstücksraum machen, spazieren gehen …

Prüfer: Gibt es Ihrer Meinung nach Situationen, in denen Menschen besser zu Hause gepflegt werden sollten statt in einem Seniorenheim?

Frau Tanyuk: Oh, das ist schwierig … Eigentlich ist es zu Hause immer schöner als in einem Seniorenheim, aber … Naja, ich denke, das hängt auch immer davon ab, wie stark pflegebedürftig die Person ist und wie sehr sich die Angehörigen um die Person kümmern können.

Prüfer: Vielen Dank! Das war der erste Teil. Wir kommen jetzt zu Teil 2 der Prüfung.

Sprechen, Teil 2

In Teil 2A sollen Sie einen Kurzvortrag von ca. zwei Minuten halten. Sie können zwischen zwei Themen wählen. Zu jedem Thema gibt es drei Fotos und einige Stichwörter, die Ihnen Ideen geben und die Sie für Ihren Vortrag verwenden können. Im anschließenden Teil 2B müssen Sie spontan auf Anschlussfragen der Prüferin/des Prüfers antworten.

in der Prüfung ca. 3 Minuten pro Teilnehmerin/Teilnehmer

Hinweis:

Direkt vor der mündlichen Prüfung bekommen Sie 20 Minuten Zeit, um sich in einem Vorbereitungsraum auf die Teile 2A und 3 vorzubereiten. Sie können sich in dieser Zeit Notizen machen, aber denken Sie daran, dass Sie in der Prüfung frei sprechen sollen.

Lösungsstrategie: Schritt für Schritt
So geht's

Vorbereitung (Teil 2A)

1. **Schritt:** Lesen Sie zuerst die beiden Themen. Kennen Sie sich mit einem der beiden Themen besser aus? Haben Sie spontan Ideen, was Sie zu einem Thema sagen können? Entscheiden Sie sich möglichst schnell für eines der beiden Themen.

2. **Schritt:** Machen Sie sich kurze Notizen zu den angegeben Stichwörtern.

3. **Schritt:** Überlegen Sie sich eine sinnvolle Reihenfolge für Ihren Kurzvortrag. Nennen Sie die wichtigsten Punkte, die Ihnen zum Thema eingefallen sind und Details und Beispiele aus dem Berufsalltag.

Tipp: Schreiben Sie nur Stichpunkte auf und keine ganzen Sätze. Sie sollen den Vortrag später nicht ablesen, sondern frei halten!

In der Prüfung

4. **Schritt:** In der Prüfung leitet die Prüferin/der Prüfer von Teil 1 zu Teil 2A über und fordert Sie oder Ihre Partnerin/Ihren Partner auf, mit dem Vortrag zu beginnen (in der Regel beginnt Teilnehmer/in B). Sagen Sie, welches Thema Sie gewählt haben und halten Sie Ihren Vortrag dann möglichst flüssig, d.h. ohne große Pausen.

5. **Schritt:** Wenn Sie Ihren Vortag beendet haben, stellt Ihnen die Prüferin/der Prüfer Anschlussfragen zu dem, was Sie in Ihrem Vortrag gesagt haben bzw. zum Thema.

6. **Schritt:** Antworten Sie auch hier spontan und so ausführlich wie möglich.

Tipp: Falls Sie eine Frage nicht verstehen, fragen Sie nach.

Hinweis:

Auf den folgenden Aufgabenblättern sind die Fragen der Prüferin/des Prüfers abgedruckt, damit Sie mögliche Fragen üben können. Auf den Aufgabenblättern in der echten Prüfung, sind diese Prüferfragen nicht zu sehen. In der Prüfung müssen Sie spontan auf die Anschlussfragen antworten.

Sprechen, Teil 2

Teilnehmerin bzw. Teilnehmer A und Teilnehmerin bzw. Teilnehmer B

Teil 2
Kurzvortrag

Sie sollen einer Praktikantin etwas über Ihren Beruf berichten.
Bitte wählen Sie eines der beiden Themen und stellen Sie es kurz vor. Die Stichworte und Bilder können Ihnen dabei helfen.
Ihr Kurzvortrag sollte circa zwei Minuten dauern. Anschließend sollen Sie Fragen des Prüfers bzw. der Prüferin beantworten.

Thema 1: Erschöpfung und Überforderung im Berufsalltag (Ursachen, Folgen, Risiken, Wie kann man das vermeiden? ...)

Prüferfragen:

- Welche Gründe kennen Sie für Erschöpfung bzw. Überforderung in Pflegeberufen?
- Welche Risiken könnten für die Patienten entstehen, wenn Sie überarbeitet sind?
- Welche Auswirkungen hat Erschöpfung auf Sie persönlich?
- Wie wirkt sich Stress auf die Stimmung im Team und den Umgang mit Patienten/Bewohnern aus?

Thema 2: Digitalisierung in der Pflege (neue Technologie, Weiterbildungen, Dokumentation ...)

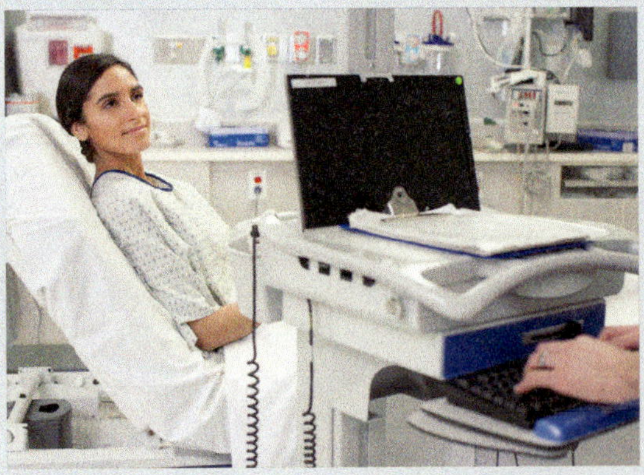

Prüferfragen:

- Welche Chancen und Möglichkeiten bietet Ihnen die zunehmende Digitalisierung in den Pflegeberufen?
- Auf welche Probleme können Sie dabei stoßen und können auch Nachteile für Sie entstehen?
- Was denken Sie darüber, dass Pflegekräfte immer mehr digitale Fortbildungen absolvieren müssen?
- Wie wirkt sich die Digitalisierung auf die Arbeit von älteren Pflegekräften aus, die vielleicht nicht so gut mit digitalen Medien umgehen können?

Sprechen, Teil 2

6 Ein Beispiel für eine mündliche Prüfung zu diesen Aufgabenblättern können Sie in Audio 6 hören.
In der folgenden Transkription können Sie lesen, was die beiden Prüfungsteilnehmerinnen gesagt und welche Fehler sie dabei gemacht haben.
Eine Bewertung dieses Prüfungsteils finden Sie auf den Seiten 68 und 69.

Sprechen Teil 2A und B: Kurzvortrag und Anschlussfragen

Prüfer: Vielen Dank, das war der erste Teil, wir kommen jetzt zu Teil 2 der Prüfung. Sie hatten zwei Themen zur Auswahl und sollen jetzt zu einem Thema einen kurzen Vortrag halten. Anschließend stelle ich Ihnen noch ein, zwei Fragen zu Ihrem Vortrag. Frau Tanyuk, fangen Sie bitte diesmal an und sagen Sie uns zuerst auch, welches Thema Sie gewählt haben.

Frau Tanyuk: Ich habe Thema 2 gewählt, und das Thema heißt „Digitalisierung in der Pflege." Digitalisierung ist ein wichtiges Thema, das sich auch auf viele Bereiche in der Pflege auswirkt. Ich habe lange Zeit als Krankenschwester in einem Krankenhaus in meinem Heimatland gearbeitet. Meine Arbeit hat sich im Laufe der Jahre verändert. Wir haben immer mehr Weiterbildungen im Bereich der Digitalisierung gemacht. Immer wenn z. B. neue Geräte gekauft wurden, musste ich eine Schulung machen. Mittlerweile sind auch die einfachsten Geräte im Krankenhaus miteinander vernetzt. Ein Beispiel sind Röntgenaufnahmen. Früher mussten wir die Röntgenaufnahmen noch für jeden einzelnen Patienten in der Röntgenabteilung abholen oder sie wurden auf die Station gebracht. Heute kommt alles direkt ins Schwesternzimmer auf den Computer oder bei Arzt auf Tablet.

Prüfer: Dankeschön. Und was glauben Sie, welche Chancen und Möglichkeiten bietet Ihnen die zunehmende Digitalisierung?

Frau Tanyuk: Nun, was gut ist … Ja, Ergebnisse sind z. B. schneller beim Arzt und beim Pflegepersonal. Man kann dann schneller reagieren. Auch, dass durch die Digitalisierung alle im Team jederzeit die aktuellen Werte eines Patient sehen können. Ärzte können sich mit anderen Ärzten z. B. Spezialisten in anderen Krankenhäuser, besser beraten. Für uns Pflegekräfte bedeutet es auch, weniger oder kaum noch etwas per Hand aufzuschreiben. Dann kann auch nicht passieren, dass ein Kollege, deine Handschrift nicht lesen kann. Ich finde das ganz gut, aber ich beschäftige mich auch gerne mit Technik und Computern.

Prüfer: Danke. Wie wirkt sich denn die Digitalisierung auf die Arbeit von älteren Pflegekräften aus, die vielleicht nicht so gut wie Sie mit digitalen Medien umgehen können?

Frau Tanyuk: Ah … ja ... Ich hatte eine Kollegin, die war eine sehr gute Krankenschwester mit vielen Jahren Erfahrung, aber leider hatte sie mit technischen Geräten immer Probleme. Da brauchte sie oft Hilfe. Also ich denke, dass ältere Pflegekräfte, die nicht so gut mit Medien, also Computer, Tablet, komplizierte Geräte, bedienen können … eher Probleme haben und vielleicht schnell überfordert sind. Dann muss man sich im Team gegenseitig helfen und Verständnis haben, dass nicht alle gleich sind. Vielleicht kann die Kollegin dafür besser andere Dinge, z. B. Spritzen geben …

Prüfer: Vielen Dank, Frau Tanyuk. Dann kommen wir jetzt zu Ihrem Vortrag, Frau Belić. Welches Thema haben Sie gewählt?

Frau Belić: Also, ich habe Thema 1 gewählt: „Erschopfung und Überforderung in Berufsalltag". Leider ist es oft so, dass Pflegekräfte viel Stress im Beruf haben. Das ist nicht gut. Wenn man Stress hat, passieren Fehler. In anderen Berufen ist das vielleicht nich so schlimm, aber in der Pflege ist für die Patienten ein Problem. Aber wir müssen immer mehr Arbeit erledigen in immer weniger Zeit und immer mehr Patienten ... Das ist ein Problem.

Prüfer: Danke. Sie müssen immer mehr Arbeit erledigen in immer weniger Zeit, sagten Sie. Sie kennen diese Situation also. Welche Auswirkungen hat Erschöpfung auf Sie persönlich?

Frau Belić: Auswirkungen? Entschuldigung, was meinen Sie damit?

Prüfer: Wie geht es Ihnen, wenn Sie viel Stress in Ihrem Beruf haben?

Frau Belić: Hm … ich werde dann manchmal etwas nervös und mache nicht richtig alles. Ich bin dann auch nicht immer nett zu die anderen, also zu die Kollegen oder Patienten. Ich glaube, zu viel Stress macht mich dann krank und vielleicht ich kann dann nicht mehr arbeiten.

Prüfer: Wie genau wirkt sich Stress denn auf die Stimmung im Team und den Umgang mit den Patienten aus?

Frau Belić: Sie meinen wenn die Kollegen alle gestresst sind?

Prüfer: Ja, wenn das gesamte Team an Überforderung leidet. Wie gehen die Pflegekräfte dann miteinander und mit den Patienten bzw. Bewohnern um?

Frau Belić: Das ist nicht gut, dann sind alle nicht mehr nett. Das kann zu Streit in Team kommen. Auch die Bewohner merken das dann.

Prüfer: Mhmh, wie merken die Bewohner das? Welche Risiken könnten für die Patienten oder Bewohner entstehen? Können Sie Beispiele nennen?

Frau Belić: Ja, ... dass dann ist die Pflege nicht so gut. Die Pfleger machen dann immer ganz schnell und haben kein Zeit für bisschen reden mit Bewohnern. Oder sie machen dann nicht richtig.

Prüfer: Vielen Dank. Damit ist auch Teil 2 schon beendet und wir kommen zu Teil 3.

Sprechen, Teil 3

In diesem Prüfungsteil sollen Sie gemeinsam mit Ihrem Partner bzw. Ihrer Partnerin eine Diskussion zu einem vorgegebenen Thema führen. Auch auf diesen Prüfungsteil können Sie sich schon vorbereiten. Sie bekommen im Vorbereitungsraum ein Aufgabenblatt mit einer Fragestellung/einem Thema und können sich Notizen machen.

! **Hinweis:**

Achtung: Sie dürfen in der Vorbereitungszeit nicht mit Ihrer Partnerin/Ihrem Partner sprechen!

In der Prüfung ca. 4 Minuten

Lösungsstrategie: Schritt für Schritt

So geht's

Vorbereitung

1. Schritt: Lesen Sie die Situation und die Fragestellung auf dem Aufgabenblatt genau durch. Lesen Sie auch die Aussagen/Meinungen von den drei Personen, die auf dem Aufgabenblatt abgebildet sind.

2. Schritt: Überlegen Sie kurz, was Sie über das Thema denken. Notieren Sie dann Stichwörter zu Ihrer Meinung und zu Beispielen, die Ihre Meinung belegen.

Tipp: Die Aussagen auf dem Aufgabenblatt sind nur eine Hilfestellung. Sie müssen nicht die gleiche Meinung haben, wie die abgebildeten Personen. Sie sollen aber auch nicht einfach nur die Meinung einer dieser Personen wiederholen. Sie können Wörter und Ausdrücke benutzen, wenn diese zu Ihrer eigenen Meinung passen.

3. Schritt: Überlegen Sie, wie Sie mit Hilfe dieser Stichwörter Ihre Meinung ausformulieren können.

In der Prüfung

4. Schritt: Die Prüferin/der Prüfer leitet zu Teil 3 über, dann sprechen nur noch Sie und Ihre Partnerin/Ihr Partner. Einer von Ihnen beginnt und sagt, was sie/er über das Thema denkt. Die oder der andere reagiert dann mit der eigenen Meinung oder fragt nach. Führen Sie ein richtiges Gespräch bzw. diskutieren Sie über das Thema.

Tipp: Sie müssen nicht dieselbe Meinung wie Ihre Partnerin/Ihr Partner vertreten. Reagieren Sie aber auf die Aussagen Ihres Partners/Ihrer Partnerin. Nutzen Sie Redemittel wie: *Da stimme ich dir zu./ Das denke ich auch./ Meine Meinung ist ganz ähnlich wie deine. / Du hast recht, das finde ich auch.* bzw. *Da habe ich aber eine andere Meinung. / Ich sehe das etwas anders als du. / Da kann ich dir leider nicht zustimmen, denn …*

Tipp: Wenn Ihre Partnerin/Ihr Partner in der Prüfung viel redet und keine Pause macht, versuchen Sie, sie/ihn höflich zu unterbrechen: *Entschuldigung, darf ich auch etwas sagen?* Das zeigt, dass Sie in einem Gespräch auch die Initiative ergreifen können.
Wenn Ihre Partnerin/Ihr Partner nur wenig spricht, können Sie helfen, indem Sie nachfragen, z. B. so: *Was denkst du denn dazu? / Kannst du ein Beispiel nennen? / Warum denkst du das?*

Sprechen, Teil 3

Teilnehmerin bzw. Teilnehmer A und Teilnehmerin bzw. Teilnehmer B

Teil 3
Diskussion (Pausengespräch)

Situation
Ihre Einrichtung ist unterbesetzt. Alle Kollegen arbeiten jetzt schon mehr Stunden als sie normalerweise müssten. Ihr Arbeitgeber möchte gerne, dass noch **weitere Überstunden** geleistet werden, bis die offenen Stellen besetzt sind.

Aufgabe
Lesen Sie die folgende Frage und diskutieren Sie mit Ihrer Partnerin bzw. Ihrem Partner darüber. Begründen Sie Ihre Meinung und nennen Sie Beispiele. Die drei Aussagen können Ihnen dabei helfen.

Sind Sie bereit in Ausnahmesituationen weitere Überstunden zu leisten?

„Ich finde, wir machen schon genug Überstunden. Irgendwann kann man das nicht mehr mit der Familie vereinbaren."

„Wenn Personal fehlt, muss man eben für eine gewisse Zeit weitere Überstunden leisten. Aber irgendwann ist die Grenze erreicht."

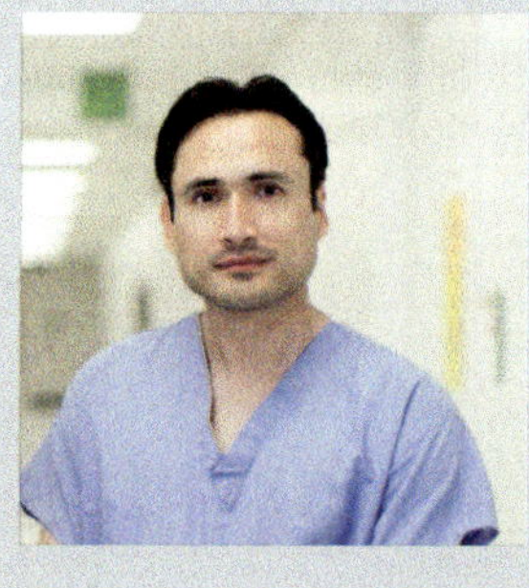

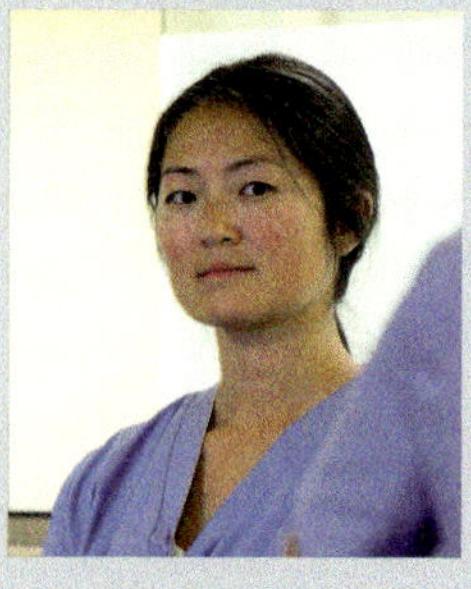

„In unserem Beruf kann man nicht einfach sagen, die Arbeit wird halt morgen erledigt. Ich bin schon bereit Überstunden zu machen."

Sprechen, Teil 3

7 Ein Beispiel für eine mündliche Prüfung zu diesen Aufgabenblättern können Sie in Audio 7 hören.
In der folgenden Transkription können Sie lesen, was die beiden Prüfungsteilnehmerinnen gesagt und welche Fehler sie dabei gemacht haben.
Eine Bewertung dieses Prüfungsteils finden Sie auf den Seiten 68 und 69.

Pausengespräch

Prüfer: … und wir kommen zu Teil 3. In diesem Teil sollen Sie gemeinsam diskutieren. Sie haben sich darauf ja auch schon vorbereitet. Ihr Thema ist „Überstunden in Ausnahmesituationen". Welche Meinung haben Sie zu diesem Thema?

Frau Belić: Ich finde, Überstunden sind in unsere Job ganz normal. Ich kenn niemand, in der Pflege arbeitet und keine Überstunden mache muss.

Frau Tanyuk: Das stimmt schon, aber hier geht es doch darum, ob man auch noch *weitere* Überstunden machen würde, wenn zu wenig Personal da ist, oder?

Frau Belić: Ja, … Wenn zu wenig Pfleger da sind, muss der Chef mehr Pfleger besorgen. Das geht nicht, dass wir die ganze Arbeit machen.

Frau Tanyuk: Du hast recht, dass wir in der Pflege, egal wo, also im Krankenhaus aber auch im Seniorenheim, immer viele Überstunden machen. Als ich noch im Krankenhaus gearbeitet habe, habe ich sehr oft Überstunden gemacht. In meinem Heimatland ist das aber nicht so geregelt wie hier in Deutschland. Überstunden werden nicht bezahlt.

Frau Belić: Überstunden nicht bezahlt? Wo steht das?

Frau Tanyuk: Nein, ich meinte in meinem Heimatland … Würdest du keine Überstunden machen, wenn auf deiner Arbeit zu wenig Leute wären?

Frau Belić: Hm, … ich finde Überstunden nicht gut. Ich habe Kinder und ich brauche auch Zeit für meine Arbeit zu Hause … Vielleicht ich würde eine oder zwei Wochen immer bisschen mehr arbeiten, aber nicht länger. Der Chef muss auch neue Kollegen finden. Und natürlich muss er Überstunden bezahlen. Und du? Was denkst du?

Frau Tanyuk: Ich stimme dir zu, dass der Chef die Situation schnell regeln müsste. Aber wenn ich weiß, dass es nur für eine bestimmte Zeit ist, dann habe ich kein Problem damit, Überstunden zu machen. Wenn ich dafür Freizeit bekomme ist das für mich ok.

Frau Belić: Du machst also immer Überstunden, egal auch für ein Jahr?

Frau Tanyuk: Nein, ich sage nur: für eine bestimmte Zeit …

Frau Belić: Was ist dann für dich bestimmte Zeit?

Frau Tanyuk: Hm … puh… das kann ich nicht sagen, aber es soll nicht immer so sein. Also, wenn ich weiß, dass bald auch wieder normale Arbeitszeiten kommen. Und ich finde auch wichtig, dass die anderen Kollegen bereit sind zu helfen, indem sie auch Überstunden machen.

Frau Belić: Ja, das ist wichtig. Nicht nur eine oder zwei Personen und alle anderen haben normale Arbeit. Und nur Ausnahmesituationen, also, wenn Kollegen sind krank oder ist Notfall. Nicht, weil immer zu wenig Pflegepersonal gibt da. Aber was ist mit deine Familie? Hast du Kinder? Kannst du viel Überstunden machen?

Frau Tanyuk: Ja, ich habe zwei Kinder. Sie sind aber schon 14 und 16 Jahre alt, deshalb kann ich meistens ohne Probleme Überstunden machen – in Ausnahmefällen und für eine kurze Zeit. Dann ist das in Ordnung, auch für meinen Mann. Wie sieht das bei dir aus? Versteht deine Familie es, wenn du Überstunden machen musst?

Frau Belić: Meine Kinder sind 8 und 10 Jahre alt und mein Mann arbeitet in ein Fabrik. Manchmal hat er Nachtschicht. Ich kann nicht so viel Überstunden machen. Die Kinder sind noch klein.

Prüfer: Vielen Dank. Wir sind am Ende der Prüfung. Das Ergebnis erhalten Sie in ein paar Wochen per Post. Alles Gute für Sie.

Sprechen Teil 1–3

Teilnehmerin A (Frau Belić)

Inhaltliche Angemessenheit

Kriterium I (Aufgabenbewältigung)

Teil 1A: Das Bild wird etwas knapp beschrieben, aber die Hauptpunkte, wie z. B. die Situation zu Hause, eine Pflegerin hilft einer Klientin etc. werden angemessen benannt. Bewertung: B1 gut erfüllt (= 3 Punkte)

Teil 1B: Die Teilnehmerin versteht erst, nachdem die Prüferin ihre Frage anders formuliert, dass sie die Vor- bzw. Nachteile in der häuslichen Pflege auch aus Sicht des Pflegepersonals nennen soll. Dann antwortet sie ausführlich und verständlich, nennt eigene Erfahrungen in der häuslichen Pflege und stellt einen Bezug zum Heimatland her. Auf die Anschlussfrage auf Niveau B2 kann die Teilnehmerin ihre Ideen nicht gut ausdrücken. Bewertung: B1 gut erfüllt (= 3 Punkte)

Teil 2A: Der Vortrag ist sehr kurz. Die Teilnehmerin nennt nur einen Hauptpunkt (Fehler passieren) und keine Beispiele oder Details dafür wie z. B. Ursachen für Erschöpfung oder konkrete Folgen für die Patienten / Bewohner. Bewertung: B1 erfüllt (= 6 Punkte)

Teil 2B: Auf die Fragen antwortet die Teilnehmerin relativ spontan, aber kurz und gibt auch hier keine Beispiele oder Details, obwohl die Prüferin sie direkt danach fragt. Bewertung: B1 erfüllt (= 2 Punkte)

Teil 3: Die Teilnehmerin führt die Diskussion gemeinsam mit ihrer Partnerin. Sie reagiert durchgehend angemessen, stellt Rückfragen, wenn ihr etwas unklar ist, und stellt auch ihre Meinung zu der Fragestellung dar. Sie reagiert auf Fragen der Partnerin. Bewertung: B2 gut erfüllt (= 20 Punkte)

Sprachliche Angemessenheit

Kriterium II (Aussprache/Intonation)

Die Teilnehmerin ist trotz des Akzents fast durchgehend gut zu verstehen, an einigen Stellen ist jedoch durch Fehler in der Aussprache/Intonation erhöhte Aufmerksamkeit erforderlich, z. B. in Teil 1B „wachen“ statt „waschen“ und in Teil 2 „Erschopfung“ statt „Erschöpfung“. Bewertung: B2 erfüllt (= 12 Punkte)

Kriterium III (Flüssigkeit)

Die Teilnehmerin spricht durchgehend flüssig und macht wenig Pausen. Bewertung: B2 gut erfüllt (= 10 Punkte)

Kriterium IV (Korrektheit)

Die Teilnehmerin macht in den Teilen 1A/1B ein paar Fehler, die das Verständnis zwar nicht beeinträchtigen, aber grundlegende Fehler sind, z. B. Akkusativ-Dativ (in meine Heimatland), fehlende Präpositionen (*beim Waschen*). In den Teilen 2A/2B und in Teil 3 treten vermehrt Satzbaufehler auf (*vielleicht ich kann … / Ich vielleicht würde …*), sie macht Fehler bei Relativsätzen u.a. Insgesamt kann hier nicht über B1 bewertet werden. Bewertung: B1 gut erfüllt (= 6 Punkte)

Kriterium V (Wortschatz)

Der Wortschatz ist vor allem in den Teilen 1 und 2 eher einfach, nicht immer präzise bzw. teilweise auch nicht richtig (*„hilft Treppe zu gehen“*, *„einige“* statt „eigene“, „Pfleger besorgen“). Komplexere Ideen (Sachverhalte) kann sie nicht (gut) ausdrücken. Bewertung: B1 gut erfüllt (= 9 Punkte)

Insgesamt wird die mündliche Leistung mit 71 Punkten bewertet, das entspricht der Niveaustufe B1.

Sprechen Teil 1–3

Teilnehmerin B (Frau Tanyuk)

Inhaltliche Angemessenheit

Kriterium I (Aufgabenbewältigung)

Teil 1A: Das Bild wird spontan und ausführlich beschrieben. Die Teilnehmerin kommentiert auch die einzelnen Personen (Pfleger, Pflegerin, Senioren im Rollstuhl). Sie beschreibt den Raum und die Situation im Detail und äußert die Vermutung, dass es sich um eine Situation im Seniorenheim handelt.
Dafür ist die Bewertung: B2 gut erfüllt (= 5 Punkte) angemessen.

Teil 1B: Die Teilnehmerin berichtet spontan von den Unterschieden zwischen der mobilen Pflege und einem Seniorenheim. Sie berichtet auch ausführlich und detailliert von Problemen bei der Arbeit und über ihre eigenen Vorstellungen und Wünsche. Bewertung: B2 gut erfüllt (= 5 Punkte)

Teil 2A: Die Teilnehmerin hält einen ausführlichen Vortrag. Sie erwähnt ihre eigenen Erfahrungen als Krankenschwester mit der zunehmenden Digitalisierung und führt auch ein Beispiel (Röntgenaufnahmen) auf. Bewertung: B2 gut erfüllt (= 15 Punkte)

Teil 2B: Die Fragen der Prüferin beantwortet die TN ausführlich und genau. Sie berichtet auch, wie die Digitalisierung nicht nur Pflegkräfte, sondern auch die Arbeit der Ärzte beeinflusst. Sie erwähnt eigene Erfahrungen mit Kollegen und führt auch Lösungen an. Bewertung: B2 gut erfüllt (= 5 Punkte)

Teil 3: Die Teilnehmerin führt gemeinsam mit ihrer Partnerin die Diskussion durchgehend angemessen. Sie stellt ihrer Partnerin Fragen zu ihrer Meinung. Daneben stellt sie ihren eigenen Standpunkt und ihre Meinung zu der Fragestellung dar. Sie reagiert auf das, was die Partnerin sagt. Bewertung: B2 gut erfüllt (= 20 Punkte)

Sprachliche Angemessenheit

Kriterium II (Aussprache/Intonation)

Man hört zwar den Akzent, aber alles ist gut verständlich. Die Teilnehmerin kann bei der Satzmelodie variieren und wichtige Aspekte gezielt betonen. Bewertung: B2 gut erfüllt (= 15 Punkte)

Kriterium III (Flüssigkeit)

Die Teilnehmerin spricht durchgehend sehr flüssig, ohne Pausen. Bewertung: B2 gut erfüllt (= 10 Punkte)

Kriterium IV (Korrektheit)

Die Teilnehmerin macht durchgehend kaum Fehler, auch nicht in längeren Sätzen. Sie zeigt eine gute Beherrschung der Grammatik und einen komplexen Satzbau. Bewertung: B2 gut erfüllt (= 10 Punkte)

Kriterium V (Wortschatz)

Die Teilnehmerin verwendet präzisen und abwechslungsreichen Wortschatz, sowie auch passenden Fachwortschatz. Bewertung: B2 gut erfüllt (= 15 Punkte)

Insgesamt wird die mündliche Leistung mit 100 Punkten bewertet, das entspricht der Niveaustufe B2.

Trackliste

Track	Prüfungsteil	Dauer
Track_01	Hören, Teil	5:20
Track_02	Hören, Teil 2	9:16
Track_03	Hören, Teil 3	5:33
Track_04	Hören, Teil 4	4:55
Track_05	Sprechen, Teil 1	6:25
Track_06	Sprechen, Teil 2	5:41
Track_07	Sprechen, Teil 3	3:32

Audioimpressum

Sprecherinnen und Sprecher: Christian Birko-Flemming, Silvia Carp, Larysa Kay-Kulakowski, Anette Mrozek, Stefanie Plisch de Vega, Hans-Peter-Stoll, Anke Stößer
Tontechnik und Produktion: Gunther Pagel, Top10 Tonstudio, Viernheim

Bildquellen

56 Getty Images (SilviaJansen), München; **57** 123RF.com (kzenon), Nidderau; **61.1** Getty Images (Hinterhaus Productions), München; **61.2** Getty Images (katleho Seisa), München; **61.3** Getty Images (ER Productions Limited), München; **62.1** Getty Images (SDI Productions), München; **62.2** Getty Images (Hinterhaus Productions), München; **62.3** Getty Images (ER Productions Limited), München; **66.1** Getty Images (Hinterhaus Productions), München; **66.2** Getty Images (ER Productions Limited), München; **66.3** Getty Images (Jetta Productions Inc), München